Ochsen, Zimt und Bratwurstduft

Wolfgang Mayer

Ochsen, Zimt und Bratwurstduft

Ein kulturgeschichtlicher Streifzug durch Nürnbergs kulinarische Vergangenheit

Verlag Friedrich Pustet
Regensburg

Bibliografische Information der Deutschen Nationalbibliothek
Die Deutsche Nationalbibliothek verzeichnet diese Publikation in der Deutschen Nationalbibliografie; detaillierte bibliografische Daten sind im Internet über http://dnb.dnb.de abrufbar.

Gutenbergstraße 8 | 93051 Regensburg
Tel. 0941/920220 | verlag@pustet.de
ISBN 978-3-7917-3388-3

Einbandgestaltung: www.martinveicht.de
Satz: Vollnhals Fotosatz, Neustadt a. d. Donau
Druck und Bindung: Friedrich Pustet, Regensburg
Printed in Germany 2023

Unser gesamtes Programm finden Sie unter
www.verlag-pustet.de

Inhalt

Für Verpflegung war zu sorgen: Regelmäßig trafen sich auf der Nürnberger Burg die Fürsten.

Einleitung

In Nürnberg wurden „so wohl zugerichtete Speisen als an irgend einem fürstlichen Hof oder Stadt von ganz Europa aufgetragen", hieß es in einem *Küch- und Keller-Dictionarium*, das 1716 in Hamburg erschien. Tatsächlich waren von Nürnberg aus zu diesem Zeitpunkt längst viele Weichen für die Entwicklung der europäischen Ess- und Trinkkultur gestellt worden.

Dieses Buch konzentriert sich auf Impulse, die von Nürnberg und damit von Franken auf die kulinarische Geschichte ausgingen und das tägliche Essen und Trinken prägten. Dabei handelt es sich zugleich um einen Teil der deutschen, wenn nicht gar europäischen Kulturgeschichte. Alte Rezepte stehen am Anfang. Die Stadt war einmal die Hochburg für den Druck von Rezeptbüchern in deutscher Sprache. Eines der ältesten war die *Küchenmeisterey* eines

Peter Wagner aus dem Jahr 1485. Ein Blick in die alten Publikationen lohnt sich – Hobbyköche können daraus durchaus noch heute Anregungen ableiten.

In den Rezepten fällt die üppige Verwendung von Gewürzen auf, z. B. der „Nägelein", wie man damals die Gewürznelken nannte. An sie erinnert in der Stadt noch der Nägeleinsplatz an der Pegnitz. Einst war hier die Nägeleinsmühle in Betrieb. Ihre Ursprünge reichen ins 15. Jh. zurück. Zu ihren Hochzeiten hatte sie zwölf Mühlräder.

Diese Zutaten waren teuer, denn sie stammten aus weit entfernten Ländern. Hier schließt sich die Verknüpfung mit der Wirtschaftsgeschichte an: Die Verbreitung der neuen Gewürze nördlich der Alpen besorgten die Nürnberger „Pfeffersäcke" mit ihren Kaufmannszügen. Sie waren eingebunden in ein frühes System globaler Handelsbeziehungen – praktisch eine Verlängerung der Karawanen auf der Arabischen Halbinsel. Patrizierfamilien erzielten mit diesem Handel einen enormen Reichtum, der sich in der städtischen Architektur nachhaltig niederschlug.

Ganz anders verlief die Geschichte bei den süßen Stoffen, die in den Rezepten auftauchten. Am Anfang war das Honig, den die Zeidler aus dem Reichswald um Nürnberg als „des Heiligen Römischen Reiches Bienengarten" sammelten. Der Ersatz des Honigs durch andere Stoffe war ein typisches, frühes Beispiel für Strukturwandel.

Die politische Rolle Nürnbergs im Deutschen Reich war verknüpft mit – heute würde man sagen – Mega-Events wie Reichstagen, Kurfürstentagen und Turnieren. Es war eine besondere Herausforderung, die Massen von Teilnehmern zu verpflegen. Auch hier waren die Nürnberger in der Rolle von Pionieren: Sie waren als Finanziers aktiv an einem transeuropäischen Ochsenhandel beteiligt – ein Thema, das bislang in der Geschichte der Stadt wenig beachtet wird. Hunderte von Tieren wurden in Trecks aus Ungarn herangetrieben.

Bei der Entwicklung der Esskultur spielen natürlich die Wirtshäuser eine Rolle. Die Gastlichkeit erreichte in Nürnberg früh eine hohe Blüte. Einige Wirtshäuser sind namentlich bereits im 14. Jh. erwähnt. Mit ihren Angeboten wurden die Gastronomiebetriebe

Sie schafften „süßen Stoff" heran: Zeidler pflegten des „Heiligen Römischen Reiches Bienengarten".

zum Treffpunkt und zu einem Katalysator für neue Ideen – sei es für Innovationen in der Handwerkerschaft oder um die Gedanken der Reformation voranzutreiben. Bierbrauer und Weinhändler waren wichtige Zulieferer. Zur Geschichte des Bieres in Deutschland gehört, dass der Nürnberger Stadtrat Brauvorschriften erließ, die älter sind als das berühmte bayerische Reinheitsgebot von 1516. Die Stadt selber beschäftigte spätestens ab 1433 einen eigenen Braumeister. 1579 wurden in Nürnberg 42 verschiedene Braustätten gezählt. Wenig bekannt ist, dass auf Nürnberger Gebiet bis zum Dreißigjährigen Krieg zudem Weinanbau betrieben wurde.

1688 wurde in Nürnberg erstmals Kaffee ausgeschenkt. Es entbrannte ein Kaffeehausstreit um den „Türkentrank". Zu dessen weltweitem Siegeszug leistete der Nürnberger Kaufmann Johan Sigismund Wurffbain in holländischen Diensten einen wichtigen Beitrag.

Bis zur Gegenwart prägen die eigenen Spezialtäten wie Bratwürste, Lebkuchen, Schäufele, Karpfen und Spargel die Gastlichkeit und das Image der Stadt sowie ganz Mittelfrankens oder gar Frankens. Deren Geschichte darf deshalb in der Rundschau der Esskultur nicht fehlen. Ebenso die Brauvorschriften und die sehr komplexen

Regeln für den Weinverkauf: Sie waren Beispiele für eine strikte Qualitätskontrolle. Nürnberg setzte in dieser Hinsicht viele Maßstäbe. Vor allem die Gewürzschauen waren ein erstes Instrument für Verbraucherschutz. Die Standards, die die „Beschauer" setzten, wurden europaweit zum Vorbild für die Lebensmittelindustrie. Die Gewerbeaufsicht lag in Nürnberg in der Hand des sogenannten Rugamts mit dem „Pfänder" als Vorsitzendem. Der Stadtrat – und nicht Zunftmeister – griff reglementierend in das Wirtschaftsgeschehen ein. Er schrieb Preise und Qualitätsmerkmale vor und schützte die einheimischen Gewerbetreibenden vor externer Konkurrenz oder einer solchen untereinander. Das betraf auch alle Fragen rund um die Versorgung mit Essen und Trinken.

In diesem Buch wurden viele Quellen zusammengetragen, doch es hätten noch deutlich mehr sein können: Während eines Handwerkeraufstands 1348/49 unter Führung des Harnischmachers Haubenschmid und des Bürgers Pfauentritt wurden viele Dokumente vernichtet. Unter anderem wurden „die Schriften über Freiheiten und Schulden zerrissen", ist in einer alten Chronik zu lesen. Die Aufständischen wollten die Einrichtung von Zünften vorantreiben, die Niederschlagung der Revolte hatte die Abschaffung der Zunfteinrichtungen zur Folge. Das Fehlen dieser Organisationsform blieb eine Besonderheit in der Geschichte deutscher Städte. Forscher sprechen von einer „obrigkeitlich geführten Planwirtschaft" in Nürnberg.

Safran in die Käsesuppe

Neue Rezepte erobern Deutschlands Küchen

Gewürze ändern den Geschmack

Das Rezept für die „gefüllten Würstlein" ist einfach. Man nehme Speck und Hühnerleber, hacke das Gemisch klein und mische ein Ei darunter. Dazu gebe man Weinbeeren, Pfeffer, Ingwer, Nelken, Safran, Kardamom und Muskat. Aus dem „Netz" für Würste schneide man die gewünschte Länge. Man fülle die Mischung hinein, nähe das Netz zu, wälze die Wurst in Schmalz und brate sie in einem Tiegel auf dem Feuer. So steht es im *New künstlich Kochbuch*, das 1630 in Nürnberg erschien.

Natürlich gibt es Alternativen: Die *Küchenmeisterey* von 1485 – ebenfalls aus Nürnberg – empfahl beispielsweise, Därme statt mit gehacktem Fleisch mit zerstoßenem Fisch zu füllen, um auf diese Weise „Würste" zu erhalten. Am besten sollten sie in Weinsud gekocht werden.

Safran in der Käsesuppe, so eine Anleitung aus dem Jahr 1630, das ist geschmacklich leicht vorstellbar. Die Zutat kam allerdings für den Durchschnittshaushalt in der damaligen Zeit kaum in Frage. Das Gewürz war so teuer, dass es sich nur wenige Haushalte leisten konnten. Die gleiche Feststellung gilt für die Idee, Hühner in einem Sud mit Pfeffer, Safran und Muskat zu sieden. Der Autor des *New künstlich Kochbuch* sparte bei seinen Rezepten nicht mit dem Einsatz von edlen Gewürzen.

Heute würde man bei dem, was im selben Kochbuch als Diätspeise beschrieben wurde, von einer vegetarischen Mahlzeit sprechen: Man hacke Feigen, Weinbeeren und Mandeln, vermische alles mit Mehl, knete es in der Form „wie Würste" und backe diese in einem Apfelteig. Warum nicht? In der Küche sind und waren stets Ideen gefragt, auch wenn sie alt sein mögen.

Nürnberg ist heute multikulturell eingestellt, und das spiegelt sich in der gastronomischen Vielzahl wider. Man hat neben den Gasthäusern mit traditioneller fränkischer Küche die Wahl zwischen dem Italiener um die Ecke und dem Chinesen, dem Griechen und dem Türken. Die historischen Rezeptbücher zeigen jedoch, dass bereits zu alten Zeiten die Nürnberger bei der Zubereitung von Speisen vielseitig und recht erfinderisch waren. Die Stadt war Ideenschmiede und Sammelstelle für Empfehlungen zur Kochkunst, die von denen, die in den Küchen arbeiteten, aufgegriffen wurden. Nicht alles entspricht dem Geschmack der Gegenwart, aber einiges aus den alten Büchern könnte heute noch Kochkünstlern zumindest eine Anregung geben. Und das gilt besonders für die Verwendung von Gewürzen.

„Gut Gemüs“ solle man mit Milchschmalz und Ingwer anreichern, außerdem mit Safran, damit es eine schöne Farbe bekomme. Eierspeisen könne man mit Muskat würzen und eine Suppe aus Rüben mit Honig. Bei einer Fastenspeise solle man zu „Küchlein“

Die *Nürnberger Küchenmeisterey*

Dieses Werk wurde 1485 von Peter Wagner in Nürnberg gedruckt und gilt als eines der ältesten Rezeptbücher in deutscher Sprache. Als absolut ältestes ist die Handschrift mit dem Titel *Das Buoch von guoter Spise* überliefert, die um 1350 in Würzburg entstand. Doch erst mit der Veröffentlichung der Nürnberger Küchenmeisterey wurden von Nürnberg aus Anleitungen für die Speisezubereitung in ganz Deutschland und darüber hinaus verbreitet. Der geringe Umfang dieses Buches – es hatte gerade einmal zweiunddreißig Blätter – stand seinem durchschlagenden Erfolg nicht im Weg: Bis 1500 wurden 13 Auflagen gedruckt. Die letzte Auflage erschien wohl 1674.

Der Autor des Büchleins ist nicht überliefert, und über Peter Wagner ist nicht viel mehr bekannt als der Name. Forscher vermuten, dass er 1469 unter dem Namen Peter Currifex de Nurenberga an der Universität in Erfurt immatrikuliert war. Sein Gewerbe als Drucker übte er jedenfalls in Nürnberg aus.

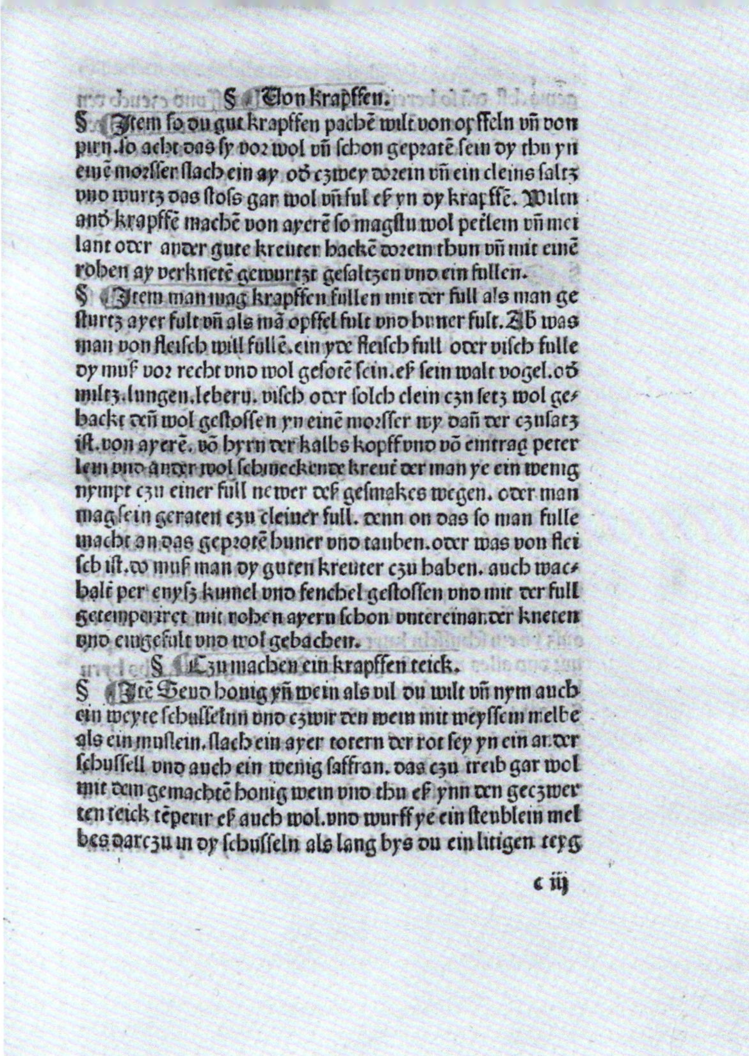

§ Von krapffen.
§ Item so du gut krapffen pachē wilt von opffeln vñ von
pirn. so acht das sy vor wol vñ schon gepratē sein dy thu yn
einē morsser slach ein ay odˀ czwey dorein vñ ein cleins saltz
vnd wurtz das stoss gar wol vñ ful es yn dy krapffē. Wiltu
andˀ krapffē machē von ayerē so magstu wol petlein vñ mei
lant oder ander gute kreuter backē dorein thun vñ mit einē
roben ay verknetē gewurtzt gesaltzen vnd ein fullen.
§ Item man mag krapffen fullen mit der full als man ge
sturtz ayer fult vñ als mā opffel fult vnd huner fult. Ab was
man von fleisch will fullē. ein yde fleisch full oder visch fulle
dy mus vor recht vnd wol gesotē sein. es sein walt vogel. odˀ
miltz. lungen. lebern. visch oder solch clein czu setz wol ge-
backt deñ wol gestossen yn einē morsser wy dañ der czusatz
ist. von ayerē. vō hyrn der kalbs kopff vnd vō eintrag peter
lein vnd ander wol schmeckende kreut der man ye ein wenig
nympt czu einer full newer des gesmakes wegen. oder man
mag sein geraten czu cleiner full. denn on das so man fulle
macht an das geprotē huner vnd tauben. oder was von flei
sch ist. do mus man dy guten kreuter czu haben. auch wac-
halt per enysz kumel vnd fenchel gestossen vnd mit der full
getemperiret mit roben ayern schon vntereinander kneten
vnd eingefult vnd wol gebachen.
§ Czu machen ein krapffen teick.
§ Itē Seud honig vñ wein als vil du wilt vñ nym auch
ein weyte schusseln vnd czwir den wein mit weyssem melbe
als ein muslein. slach ein ayer totern der rot sey yn ein ander
schussell vnd auch ein wenig saffran. das czu treib gar wol
mit dem gemachtē honig wein vnd thu es ynn den geczwer
ten teick tēperir es auch wol. vnd wurff ye ein steublein mel
bes darczu in dy schusseln als lang bys du ein litigen teyg

c iij

Jahrzehntelang ein Bestseller: Die Küchenmeisterey *erschien erstmals 1485.*

Honig und Pfeffer hinzugeben und vor dem Auftischen Ingwer. So lesen sich weitere Tipps der *Küchenmeisterey.* Einleitend stellte der Autor fest: „Viel Menschen sind sonderlich und nicht unbillig geneigt zu natürlicher und lustiger Speise."

Die *Küchenmeisterey* lieferte etliche Vorschläge, wie man z. B. „ein gut Essen von Hühnern" bereiten könne – Voraussetzung sei, dass das gerupfte Federvieh in Wein gesotten werde. Auch die

Ihre Kochkunst war Legende: 28 Jahre lang schuf Anna Mulner im 16. Jh. beste Speisen.

Innereien waren kein Abfall, man zerhackte sie und fügte Eier, Salz und Petersilie hinzu. Kein Problem war laut Wagner im Übrigen die Verwendung „alter feister Hühner".

Der Bogen der Rezepte reicht von Bekanntem wie Kalbslunge und Schweinskopf zu Kuriosem wie Biberschwanz mit Ingwer, Käse aus Mandelmilch oder Brei aus Wachtelfleisch. Überhaupt wurde zu jener Zeit vieles zu „Mus" oder zu „Küchlein" verarbeitet. Es gab kaum ein Tabu bei der Wahl der Bestandteile: Was verwendbar war, das wurde gegessen.

Der Leser des Kochbuches fand Informationen zur möglichen Zubereitung von Eierspeisen ebenso wie zu einer „Fleischtorte", aber auch eine Anleitung dazu, wie man Essig aus Wein gewinnt. Gute praktische Ratschläge waren bisweilen inbegriffen, wie: „Lass es nit anbrennen" oder „versaltz it nit". Diese Empfehlungen gelten zweifelsohne noch heute.

In der Gegenwart nicht mehr gefragt ist der Tipp, wie man Fische – zu Zeiten, als der Kühlschrank noch nicht erfunden war – frisch hielt: Man versenkte den Fisch in einem Gefäß mit Essiglauge in frischer Erde, buddelte das Behältnis jedoch ab und zu aus und goss neuen Essig auf. Das Gefäß musste nur gut zugedeckt bleiben. Im Ergebnis blieben die Fische frisch „und werden nit stinkend", so die Verheißung.

Wissen dank der Kunst des Buchdrucks

Die *Küchenmeisterey* war ein echter Bestseller. Dem ersten Druck folgten mehr als ein Dutzend Auflagen. Wer genau die Vorlagen für das Knowhow geliefert hatte, ist nicht bekannt. Dass gerade Nürnberg der erste Druckort war, sollte nicht überraschen, denn Nürnberg war in der frühen Neuzeit ein Kompetenzzentrum für den Buchdruck. Die Grundlage schuf der Handelsherr und Stadtbaumeister Ulmann Stromer, der 1390 die erste Papiermühle nördlich der Alpen einrichtete. Der Standort war die heutige Hadermühle („Hadern" = Lumpen) an der Wöhrder Wiese. Die Stromer galten zu ihrer Zeit als eines der größten Handelshäuser im Süden Deutschlands.

Bald waren rund ein Dutzend Papiermühlen auf dem Nürnberger Territorium zu finden. Das billige Papier löste das teure, aus Tierhäuten gefertigte Pergament ab. Das war wirtschaftlich revolutionär – und zugleich eine Voraussetzung dafür, dass sich Wissen und Gedanken besser als zuvor verbreiten konnten. So entstanden in Nürnberg viele Flugschriften ebenso wie bedeutende Werke ihrer Zeit, wie z. B. 1493 die *Schedel'sche Weltchronik* als Kompendium des damaligen Wissens, oder 1483 die Bibel von Anton Koberger. Letzterer wurde zu seiner Zeit als der „König der Buchdrucker" gerühmt.

Wagners Rezeptbuch von 1485 erschien auf dem Höhepunkt Nürnberger Wirtschaftsmacht. Es wurde bis ins 17. Jh. hinein benutzt – natürlich insbesondere in den Haushalten derjenigen Bürger, die sich die genannten Lebensmittel und Gewürze als Zutaten leisten konnten. An fürstlichen Höfen war es wohl ebenfalls geläufig.

Die Verbreitung des Buches war nicht allzu schwierig: Die Wagen der Nürnberger Kaufmannszüge, die in alle Himmelsrichtungen unterwegs waren, hatten für Druckerzeugnisse genügend Platz. Manches, vor allem politische Pamphlete, war eine heikle Fracht. Aber ein Rezeptbuch war den damals eifrig agierenden Zensoren kaum verdächtig. Unter den wichtigen Handelsrouten war die sogenannte Goldene Straße nach Prag, andere Wege führten bis nach Flandern und zu den Städten der Hanse. Hoch entwickelte

Meister Wilhelm sorgt fürs Essen

Frühzeitig stößt man auf den Beruf des Kochs. Köche standen auch im Dienst der Klöster. In den *Hausbüchern der Nürnberger Zwölfbrüderstiftungen* wird als ältester Vertreter seines Fachs ein Meister Wilhelm in der Kleidung eines Mönchs dargestellt. Er starb im Jahr 1475. Diese Profession war vor allem ein Männerberuf. Eher eine Ausnahme war wohl Margret Leypolt, die laut ihrem Grab auf dem Nürnberger Rochusfriedhof 1558 starb: Sie war Köchin von St. Lorenz. Auf ihrem Epitaph findet sich ein Nürnberger Wurstmaß – ihr Mann war Fleischhauer in der Breiten Gasse gewesen. Im Zwölfbrüderhaus war um 1600 zudem eine Margaretha Pfalerin als Köchin angestellt.

Das vollständige und vermehrte
auf die neueste Art eingerichtete
Koch-Buch,
Bestehend
in 37. Capiteln, und 1030. wohlzugerichteten Speisen;
Als:
In Suppen/Potagen/Mußen/Ragout,
Fricassée, à la togue, Rolaten, Boeuf-à la mode,
angeschlagene, gefüllte, gedämpffte Essen,
Auch von allerhand Geflügel, Fischen, Garten-
Gewächsen, Eyern, Schwammen, Morgeln, Driffeln, Dar-
toffeln, Obst, Gallery, Gellée, Salaten, Gebratenes,
Torten, Pasteten, und Schmaltz gebackenes;
Wie solche auf eine kurtze und leicht-practicable Manier zu-
zubereiten, und man bey vorfallender Gelegenheit allezeit
damit fertig seyn kan;
Nebst noch einem Anhang von 150. Sorten Speisen.
Heraus gegeben von
Johann Albrecht Grunauer/
Seiner Königl. Hoheiten, aus dem Königl. Preußischen Stamme
damahlig-verwittibten Marggräffin zu Brandenburg-Bayreuth Culm-
bach, vorjetzo verwittibten Hertzogin von Meiningen, vormals gewesenen Mund-
Koch, anjetzo Gast-Wirth zum schwartzen Adler in Christian-Erlang.
Nürnberg, In Verlegung Georg Christoph Lochners,
Buchhändlers und Buchdruckers. A. 1733.

Rund 1200 Rezepte zur Wahl: Das Kochbuch von Johann Albrecht Grunauer zeugt von üppiger Verwendung exklusiver Gewürze.

Kenntnisse der Kartografie innerhalb der Nürnberger Mauern wiesen den Fuhrleuten die Wege.

Die Zutaten an Gewürzen gingen freilich ins Geld und konnten Haushalte ruinieren. In diesem Sinne schrieb der Nürnberger Schuhmacher und Poet Hans Sachs: „Reichtum ist da ein selt'ner Gast, wo man täglich schlemmt und prasst." Selbsternannte Sittenprediger verurteilten die Verwendung der exotischen Gewürze, fanden jedoch bei den Wohlhabenden wenig Gehör. Diese Zutaten, von geizigen Kaufleuten eingeführt, seien unnütz und schädlich für die Gesundheit, und sie würden nur die Taschen leeren – so das Argument, das missmutige Neider in einer Flugschrift anführten.

Das vollständige und vermehrte, auf die neueste Art eingerichtete Kochbuch von Johann Albrecht Grunauer, das 1733 in Nürnberg

Gewürznelken – Papst Silvester zum Geschenk

Gewürznelken enthalten ätherische Öle, vor allem Eugenol. Der Stoff soll Bakterien, Pilze und Viren zurückdrängen, Entzündungen lindern und örtlich betäubend wirken. Viele schwören deshalb auf Gewürznelken als Mittel gegen Zahnschmerzen oder Zahnfleischentzündungen. Nelkenöl soll gegen Mückenstiche helfen – Artikel in Fachzeitschriften weisen allerdings auf schädliche Nebenwirkungen hin.

Die antibakterielle Eigenschaft war in China schon vor 2500 Jahren bekannt. Eines der ältesten europäischen Dokumente zur Gewürznelke stammt aus dem 4. Jh.: Kaiser Konstantin schenkte das Gewürz Papst Silvester I. Während der Pestepidemien im Mittelalter trugen manche Ärzte Nelkenketten um den Hals oder kauten darauf, weil sie glaubten, dadurch der Ansteckung zu entgehen. Der deutsche Volksmund sprach von Nägelein, wie man sie aus dem Lied „Guten Abend, gute Nacht" noch heute kennt.

Gewürznelken können vielen Speisen hinzugegeben werden, traditionell sind sie auch im fränkischen Blaukraut vertreten. Aber Vorsicht: Die Zutat sollte vor dem Essen wieder herausgefischt werden, denn wenn man darauf beißt, ist der Geschmack des Gerichts gründlich verdorben.

erschien und rund 1200 Rezepte aus Franken vorstellte, ist eine weitere Fundgrube. Adressaten waren sicherlich wiederum die Haushalte wohlhabender Bürger. Die große Zeit wirtschaftlicher Blüte der Stadt war zu diesem Zeitpunkt jedoch längst vorbei. Auch die Rezepte Grunauers zeugen von einer üppigen Verwendung teurer Gewürze. Mengenangaben lieferte er dabei keine, häufig empfahl er einfach „generell Gewürz". Oft müssen diese Zutaten den eigentlichen Geschmack von Fleisch oder Gemüse überdeckt haben. Die verbreitete These, dass mit Gewürzen verdorbenes Fleisch kaschiert worden sei, ergibt allerdings wenig Sinn – die Gewürze waren schließlich sehr viel teurer als frisches Fleisch.

Nelken und Zimt tat man in den Sud aus Fleischbrühe und Wein, in der man Wildschweine ebenso wie Fleisch vom „zahmen" (also gezüchteten) Schwein kochte. Nelken und Zimt sollten Biersuppe schmackhafter machen und wurden laut Rezept in den Sud aus Kirschenmus und Wein gegeben, in dem man offenbar noch

Ein wertvolles Geschenk: Kaiser Konstantin überreichte Papst Silvester I. Gewürznelken.

1733 Biberschwänze kochte. Biberfleisch wird heute allenfalls noch in abgelegenen Gegenden Kanadas angeboten.

Zur Zubereitung von „Zimtmus“ empfahl Grunauer: Man reibe Brotrinde, verrühre die so gewonnenen Brösel mit Eiern, Zucker, viel Zimt, eventuell etwas Rosenwasser und gebe das in einer eingefetteten Schüssel aufs Feuer. Heute noch ist es eine gute Idee, klein geschnittene Kirschen oder Zwetschgen, Birnen oder Äpfel mit Zimt und Zucker in einer Mischung aus Wasser und Wein zu einer Suppe aufzukochen. Apfel- und Birnensuppe wurden von Grunauer als „was Gutes für kranke Personen“ beschrieben. Ebenfalls „für Kranke“ empfahl Grunauer, einem Hühnerhaschee Muskat zuzugeben.

Muskat taucht in vielen alten Rezepten reichlich auf. Bei Fischgerichten war das Gewürz zu jener Zeit in wohlhabenden Kreisen offenbar unverzichtbar. Man gab es Klößchen aus Karpfenfleisch hinzu. Man würzte damit Lachs, Aal wie Forelle und Hecht – das

Zimt – das Gold der Antike

Das cumarinhaltige Gewürz wird aus der Rinde eines tropischen, immergrünen Baumes gewonnen. Ihm wird beruhigende und fiebersenkende Wirkung zugeschrieben, es soll die Durchblutung fördern und gegen Entzündungen helfen. Anhänger der Naturheilkunde preisen es als Mittel gegen Diabetes.

Zimt wurde schon vor 5000 Jahren in China als Gewürz verwendet, und die alten Ägypter nutzten ihn zur Mumifizierung sowie als Grabbeigabe für die Reise der Pharaonen ins Jenseits. Im alten Rom wurde das Gewürz zeitweise teurer gehandelt als Gold. Bei der Verwendung ist allerdings wegen der unterschiedlichen Sorten zur Vorsicht geraten. Die preiswerte Zimt-Variante – der Cassia-Zimt – enthält viel Cumarin. Zuviel hiervon kann Probleme bereiten. Ceylon-Zimt hingegen enthält – soweit bisher bekannt – weniger Cumarin. Leider ist dieser „echte" Zimt teurer und wird daher in der Lebensmittel-Industrie seltener verwendet. Die Zutatenliste beispielsweise von industriell gefertigten Plätzchen lässt aber in der Regel nicht erkennen, welche Art von Zimt verwendet wurde. Das Bundesinstitut für Risikobewertung empfiehlt daher: Kinder sollten höchstens vier, Erwachsene höchstens acht Zimtsterne (à 5,6 gr) pro Tag verzehren.

letztere Rezept sah als Beilage Sauerkraut mit Sardellen vor. Die letzten beiden Zutaten sind in modernen Kochbüchern noch als Teil des Belags von Flammkuchen zu finden. Muskat und Pfeffer tat man in die Weinsoße, in der man Hühner kochte, und sie gehörten in die Fleischbrühe, in der man Froschschenkel – die Keulen der Frösche galten als gesund – brühte. Auch Alltagspeisen wie Erbsensuppe sollten nach Grunauer mit Muskat verfeinert werden.

Es sollte wohl etwas Besonderes sein, wenn man Gerichten den Anschein ausländischen Geschmacks gab. So erklärt sich das Rezept für Rindfleisch „auf englische Art": Gewürzt wurde dieses Fleisch mit Pfeffer, Ingwer und Nelken. Überhaupt wird bei fast jedem Gericht Pfeffer genannt – unter anderem zu rohen Austern, die offenbar schon damals in Franken zu bekommen waren. Kalbfleischhaschee „auf polnische Art" sollte das wertvolle Safran sowie Rosinen und Mandeln beinhalten. In die Irre führte Grunauer mit der Speise, die er als „Bettelmann-Suppe" bezeichnete: Eier ver-

Stoff aus dem fernen Ceylon: Zimt kam in Mus, aber auch in Fleischgerichten und Biersuppen zum Einsatz.

rührte man in Fleischbrühe, man gab ein wenig Butter hinzu – und dann den sehr teuren Safran. Für einen wirklichen „Bettelmann" war das bestimmt nicht erschwinglich.

Zeitlich zwischen der *Küchenmeisterey* von 1485 und Grunauers Buch von 1733 kam 1630 in Nürnberg das anfangs zitierte *New künstlich Kochbuch* heraus, verlegt von Georg Endter dem Jüngeren. Es sei mit seinen 388 Rezepten „auch in gemeinen Haushaltungen ganz nützlich und fruchtbarlich zu gebrauchen", erhob es den Anspruch.

Darauf kämen heute nur wenige Kochkünstler: ein „blaues Mus" zu erschaffen. Grundlage waren blaue Kornblumen, im Mörser zerstoßen, mit Wein vermischt und mit Zimt, Ingwer und Zucker gewürzt – „so ist es gut". Als Spezialität empfohlen wurden gebratener Auerhahn oder „Schnecken in Rosmarin", in Fleischbrühe gesiedet oder in Zwiebelbrühe. Unbeschränkt waren auch die Ideen für Torten. Beläge lieferten nicht nur Erdbeeren und Zwetschgen. Eine andere Variante: Man nehme und hacke Speck, „der nicht zäh ist", vermische ihn mit geriebenem Weißbrot, sechs Eiern, Zucker und Rosenwasser sowie Zimt, lege das alles in den Tortenteig, der allerdings dicker sein müsse als bei anderen Torten, „mach ein Deckel" auf die Form „und backs". Das erinnert ein wenig an eine Quiche Lorraine – nur deftig-süß.

Über 1000 Seiten dick war ein *Vollständiges Nürnbergisches Kochbuch* aus dem Jahre 1691. Darin wurden allein mehr als 200 Möglichkeiten beschrieben, Fische, Krebse und Austern zuzubereiten. Der Karpfen wurde mit Speck gespickt oder „in einer gelben Brüh" aus Essig, Safran, Pfeffer, Ingwer und Kardamom gesiedet

Kardamom – Ernte aus dem Regenwald

Kardamom zählte einst zu den kostbarsten Gewürzen. Es handelt sich eigentlich um ein Ingwergewächs. Ursprünglich in den Regenwäldern Südindiens beheimatet, wurde es wahrscheinlich schon in biblischer Zeit in Babylon angebaut. Die Samenkapseln werden von zwei Meter hohen Pflanzen geerntet.

Es gibt den schwarzen und den grünen Kardamom. Im Handel ist hierzulande der grüne. 80 % der Ernte landet heutzutage in arabischen Ländern als Zugabe im Kaffee, wobei sich besonders Männer eine aphrodisierende Wirkung von ihm versprechen. Anwendung findet das Gewürz auch bei der Zubereitung von Milchtee, der nach dem islamischen Morgengebet serviert wird. Hierzulande ist er im Glühwein unverzichtbar. Industriell wird Kardamom zudem in Weihnachtsgebäck, aber auch in Parfums und in der Pharmazie verwendet. Kardamom wird verdauungsfördernde, krampflösende und blähungstreibende Wirkung zugeschrieben. Viele sprechen von Kardamom deshalb von einem „Magenwächter", und manche schwören auf dieses Gewürz als Mittel gegen Stress.

Heute im Weihnachtsgebäck: Kardamom liefert den speziellen Geschmack.

und vor dem Auftischen mit einem Limonenplätzchen versehen. 78 Rezepte drehen sich um den Hecht – mit Krebsen oder in Knoblauchbrühe, in Öl gebacken mit Kapern, in Zitronen-, Lorbeer- oder Rosmarinbrühe oder in Senfsoße auf der Basis von Wein, mit Muskat und Kardamom verfeinert. Wenn nach einer Mahlzeit vom Hecht etwas übrig blieb, so könne man den Rest später in einer Meerrettichsoße kalt servieren, so der Ratschlag.

Das *Vollständige Kochbuch* enthielt die Anleitungen zu 140 Gerichten mit Geflügel, Wildbret und Fleisch. Darunter fand man Rindfleisch in Selleriebrühe oder als eine Variante in Pfeffer- oder Limonenbrühe. Mehr als 100 Rezepte hatten die verschiedenen Arten von Mus zum Gegenstand. Vielfalt gab es bei Eierspeisen (47 an der Zahl). Manches ist heute noch in der Gastronomie zu finden – wie etwa Kümmel zum Schweinebraten. Gästen sollte durch Dekoration auch für die Augen etwas geboten werden. Beim Spanferkel am Spieß lautete die Empfehlung: „Gebet dem Ferklein ein rotes Äpfelchen in den Rüssel und setzt ihm ein Blumenkränzlein auf."

Die Zeitgenossen schreckten weder vor Fröschen, Ochsenhirn und Kuheutern noch vor gerösteter Zunge zurück. Für Letztere sollte man eine „spanische Brühe" aus Apfel- oder Birnensaft mit Safran, Zitronen, Pfeffer, Kardamom und Zucker sowie Rosenessig und Zwiebeln verwenden. Dass man „kleine Vögelein" in Schmalz rösten und in einer Weinsoße sieden könne, war eine weitere Idee. Nach der Überlieferung sprach man auch von „Spießvögeln“ – weil sie spießweise verkauft und gebraten wurden.

Zwiebelbrühe an sich eigne sich „über alles Gebratenes“, erfuhren die wissbegierigen Leserinnen und Leser, über Wildbret gieße man allerdings lieber Rosmarinbrühe. In den Rezepten tauchen ferner Sardellenbrühe und eine Brühe von Meerrettich oder von Stachelbeeren (z. B. über gebratene Hühner) auf. Die Nachahmung sollte kein Tabu sein.

Tipps für Gemüse bot dieses Kochbuch unter der Rubrik „Neben-Essen“ mit mehr als 200 Varianten: Zum Sauerkraut gehöre Kardamom, Muskat und Pfeffer, erfuhr die Leserschaft. Unter 195 Ideen fand man Hefeküchlein und Mandelkräpflein. Zwischendurch war sicherlich „Zucker- und Quittenwerk“ mit seinen 155 Varianten wie z. B. Mandel-, Pfeffer- oder Fenchelplätzchen das zeitgenössische Naschzeug, das heute von Kartoffelchips verdrängt ist.

Was kochen in der Fastenzeit?

Erfinderisch war man in Nürnberg und anderswo bei der Zubereitung einer besonderen Küchengattung: den Fastenspeisen. Das Fasten war praktisch eine von der Kirche verordnete Diät. Sie galt nicht nur in der Zeit vor Ostern, sondern auch an etlichen anderen Tagen. Das summierte sich manchmal auf ein Drittel des Jahresverlaufs.

Fleisch warmblütiger Tiere sowie Milch, Eier und Butter standen dann ganz oben auf der Verbotsliste. Die „Diät“ war allerdings weniger zum Wohle der Bevölkerung gedacht als ein Mittel der Kirche, an zusätzliche Einnahmen zu gelangen, denn es gab – gegen Geld – die Möglichkeit, sich von den Verboten entbinden zu lassen. Im Volksmund sprach man vom „Butterpfennig“, der in die Opferstöcke der Kirche gelangte. Das Instrument konnten einzelne Personen, ganze Kirchengemeinschaften und Gemeinden nutzen. Generell schrieben Polizeiordnungen vor, wie sich die Bürger zur Fastenzeit zu verhalten hatten. „Bloß nicht fluchen!“, war eine der wichtigen Regeln.

Peter Wagners *Küchenmeisterey* von 1485 widmete sich schon im ersten von insgesamt fünf Kapiteln den Fastenspeisen. Fische waren in der Fastenzeit erlaubt. Tonnen davon gelangten aus den Niederlanden, von der Ost- und der Nordsee nach Süddeutschland, und die heimischen Gewässer boten üppig frische Ware. Im Umkreis von Nürnberg wurden zahlreiche Teiche und Weiher künstlich angelegt. Einen von ihnen erstand 1408 der Nürnberger Münzmeister Herdegen Valzner, der dem Weiher seinen Namen gab. Viele Gewässer waren städtisch und wurden gegen Zinszahlungen verpachtet. Die Einnahmen waren ein beachtlicher Beitrag zur Stadtkasse.

Frische Fische verkauften die „Grünfischer". Der älteste, der in den *Hausbüchern der Nürnberger Zwölfbrüderstiftungen* abgebildet ist, war der vor 1414 verstorbene Heintz Vyscher. Importierte Ware wie Schollen und Heringe boten dagegen die „Salzfischer" feil. Salzheringe, die in den Städten der Hanse im hohen Norden in richtiger Salzlake verpackt wurden, verloren auch nach locker zwei Jahren nicht an Qualität.

Salz – ein teures Mineral

Der menschliche Körper braucht Salz. Dieses Mineral macht zudem die Konservierung und damit den Transport und die Lagerung von Fischen und Fleisch möglich. Es war anfangs rar und teuer: Schätzungen besagen, dass im 13. Jh. etwa 40 Prozent des Preises von eingelegtem Fleisch auf das Salz entfielen. Der Stadtrat von Nürnberg regelte – wie die Obrigkeit in vielen Städten – 1408 den Salzhandel und ließ den Bau eines Salzhauses zu. Ein neues Gebäude für diesen Zweck wurde 1499 nahe der St. Lorenzkirche eröffnet. Die Aufsicht über den Handel hatten Salzmesser, spezielle Polizei-Verordnungen regelten Vorrat und Preis. Der meiste Nachschub kam über Halle aus Sachsen. Den Handel besorgten „Pfragner" – zu ihrem Sortiment gehörten aber auch Getreide, Grütze, Kleie, Wagenschmiere, Fett, Talg und Lichter. Ein Einkommen verdienten sich zudem spezielle „Salzlader". Zu späteren Zeiten wurde die Gegend um die Egidienkirche als Salzmarktviertel bezeichnet.

Darüber hinaus war auch in der Fastenzeit alles eine Frage der Definition: Biber waren, weil im Wasser lebend, den Fischen gleichgestellt und ebenfalls als Speise zu Fastenzeiten zugelassen.

Seitenlang befasst sich das Buch von Peter Wagner mit der Zubereitung von Krebsen: gebacken oder – im Mörser zerkleinert – als Mus serviert. Küchlein, schön braun gebacken, aus einem Teig von Krebsfleisch mit Honig, das war im 15. Jh. in Nürnberg offenbar eine Delikatesse. Die Kombination wäre auch heute eine interessante Kombination.

Fleischlos waren in der Regel die Suppen. Das Kochbuch von 1691 zählt unter anderem auf: Austern-, Bier-, Erbsen-, Erdbeer-, Knoblauch-, Kümmel-, Kürbis-, Linsen-, Sardellen-, Sauerampfer-, Schokoladen-, Sellerie-, Zitronen und Zwiebelsuppe, Suppe mit Mandeln und kleinen Rosinen oder eine kräftige Suppe „für Schwindsüchtige" mit Geismilch. Die Suppen wurden in den meisten Fällen über Brotscheiben gegossen. Manche der insgesamt 117 genannten Suppen findet man noch heute auf regionalen Speisekarten, andere wären es wohl wert, in der Gegenwart wieder einmal ausprobiert zu werden.

Ein weiterer echter Spezialist war der 1607 in Fischbach bei Nürnberg geborene Georg Philipp Harsdörffer. Von ihm stammt das *Trincier- oder Vorleg-Büchlein.* Der Untertitel: *Wie man allerhand Speisen nach italiänischer Art anschneiden und auff der Gabel zierlich zerlegen soll.* Das Amt des „Trincianten" sei an fürstlichen

Die Tischzucht des Poeten

Übrigens ist es ein Irrtum, zu glauben, dass erst Adolph Freiherr Knigge 1752 in Niedersachsen, genauer in Bredenbeck, geboren werden musste, um anständige Manieren bei Tisch anzumahnen. Das tat schon der Nürnberger Poet Hans Sachs mit seinem Gedicht „Ein Tischzucht". Es gilt heute noch: „Hör, Mensch! Wenn du zu Tisch willst gehen, dein Händ sollst du gewaschen han. Lange Nägel ziemen gar nicht wohl, die man heimlich abschneiden soll. Red' nicht mit vollem Mund, nicht säuisch schmatz', mach' kein Gestank." Das Gedicht des Nürnberger Meistersingers wurde 1534 gedruckt.

Höfen schließlich „nicht das geringste, sondern unter die fürnehmsten gerechnet". Insgesamt enthält sein Büchlein 38 Anleitungen für die verschiedensten Fleisch- und anderen Speisen.

Richtlinien für die Abfolge der Speisen gab das Kochbuch von 1630: Fisch und Krebs sollten bei einem Gastmahl eingangs gegessen werden. Hühner und Vögel seien als Gang vor Rindfleisch, Hirsch und anderem Wildbret zu empfehlen. Auf jeden Fall gelte: „Iss nicht auf einmal Fleisch und Fisch … bekommt es doch nicht wohl dem Bauch."

Die leck're Mandelmilch der Anna Wecker

In Amberg gedruckt wurde 1598 *Ein köstlich new Kochbuch* der Anna Wecker. Sie gab es heraus, nachdem nicht nur „verständige Weibspersonen", sondern auch „etliche berühmte Doctores und Ertzte, so anderstwo, sonderlich in Nürnberg" die Arbeit gesehen hatten und die Autorin „vilfältig ermanet, dieselbe nit also bey mir ersitzen und neben mir begraben werden zu lassen". Es beginnt mit einer ausführlichen Beschreibung der Zubereitung von Mandelmilch. Die Autorin liebte offenbar Mandeln – und wollte, dass die Speisen nicht lieblos auf den Teller geklatscht kamen. Ein Beispiel: der Igel. Man nehme gut gekochten Reis, mische ihn mit Milchrahm oder Mandelmilch, so dick es geht – das ergibt dann erst einmal Milchreis. Man füge Zucker und Rosenwasser hinzu. Dann forme man die Masse „rund und hoch" wie einen Igel, mit einem Köpflein samt Rüssel. Gewürznelken sollten als „Äuglein" dienen, geschnittene Mandeln als „Zünglein."

Zu Fisch wie Fleisch empfahl Anna Wecker eine Weinsoße mit Mandeln und Meerrettich zu gleichen Teilen. In einen Bratwurstdarm stopfte sie ein Gemisch aus Brot und zerstoßenen Mandeln, mit Ei und Rosenwasser versehen. Aber auch zu Fleisch, Geflügel und Fisch hatte sie Tipps. Vor Innereien und „kleinen Vögeln" als Füllung von Brot machte sie nicht halt. Wild ließ sie erst einmal für ein bis drei Tage in Essig liegen und spickte es anschließend mit Speck. Fleischreste von einem Essen warf Anna Wecker nicht

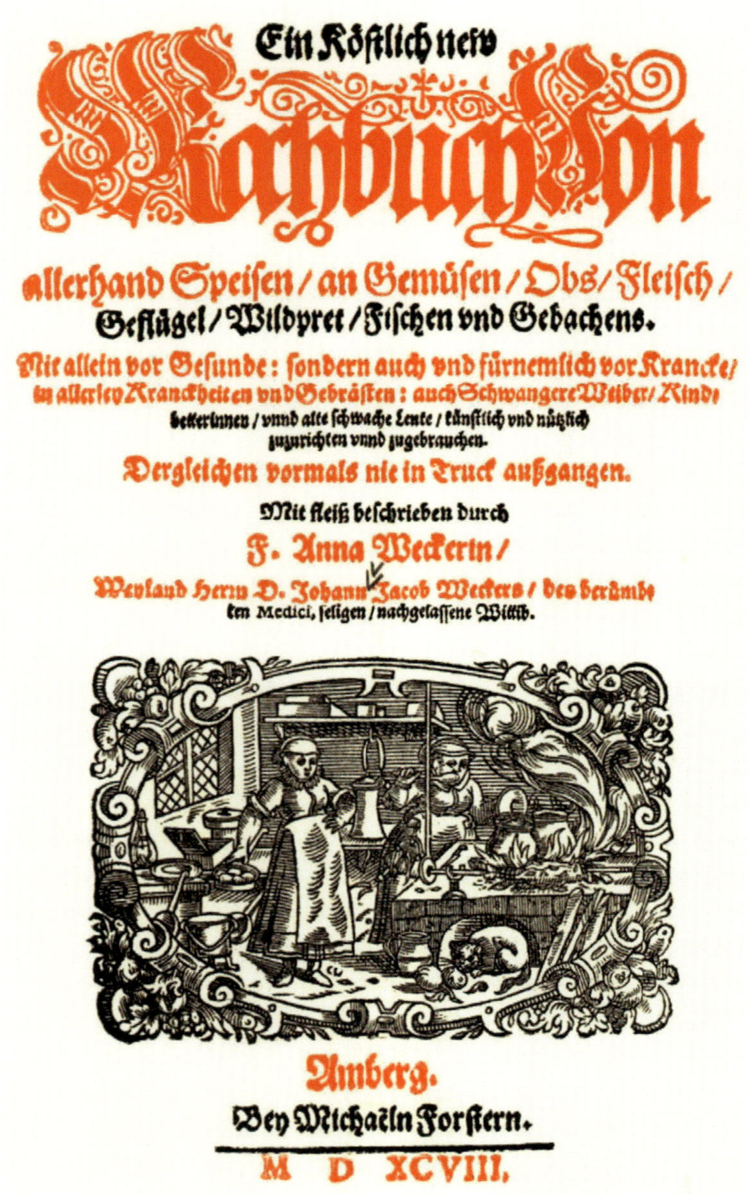
Ein Köstlich new
Kochbuch Von
allerhand Speisen / an Gemüsen / Obs / Fleisch /
Geflügel / Wildpret / Fischen vnd Gebachens.
Nit allein vor Gesunde: sondern auch vnd fürnemlich vor Krancke / in allerley Kranckheiten vnd Gebrästen: auch Schwangere Weiber / Kindbetterinnen / vnnd alte schwache Leute / künstlich vnd nützlich zuzurichten vnnd zugebrauchen.
Dergleichen vormals nie in Truck außgangen.
Mit fleiß beschrieben durch
F. Anna Weckerin /
Weyland Herrn D. Johann Jacob Weckers / des berümbten Medici, seligen / nachgelassene Wittib.
Amberg.
Bey Michaeln Forstern.
M D XCVIII.

Tipps für „allerhand Speisen“: Das Kochbuch der Anna Wecker enthält Käseknödel genauso wie Mandelmilch oder Schneckenpastete.

einfach weg. Sie schnitt das Fleisch von den Knochen ab, hackte es klein, würzte es mit Pfeffer, Ingwer, Muskatnuss – und je nach Saison mit Zwetschgen oder Weintrauben. Das siede man wie Knödel in Wein oder einer guten Fleischbrühe, lautete die Empfehlung.

Backäpfel füllte die Autorin mit einem Gemisch aus Ingwer, Zimt, Zucker und Weinbeeren. Auf die folgende Idee zu einer „Torte" kommt man allerdings wohl nicht so schnell: Grundlage ist ein Mus aus in Schmalz gekochten süßen Birnen. Dazu kommen Eier und eine Handvoll Parmesan oder ausgereifter holländischer Käse sowie Ingwer, Muskatnuss, Zucker und Butter. Backe es in einer Form „schnell hinweg", so die Anweisung. Oder wie wäre es mit „Käseknödel"? Grundlage des Teigs sind zwei Teile Brot und ein Teil Käse – gewürzt mit Pfeffer, Muskatnuss und Safran. Der Teig werde in siedender Fleischbrühe herausgebacken. Vor ihrem Rezept für eine „Schneckenpastete" hingegen warnte Anna Wecker selber: Erstens sei an den Schnecken „nicht viel Nürtliches", zweitens führe die Speise zu Buhlerei – „derwegen sollen junge

Ingwer – mit Grüßen von Konfuzius

Ihre aromatische Schärfe erhält die Wurzel von der Substanz Gingerol. Ursprünglich wurde Ingwer, zusammen mit Zwiebeln und Knoblauch, als Grundlage vieler Gerichte in China, Ostasien sowie in Indien verwendet. Der chinesische Religionsstifter Konfuzius würzte seine Speisen damit. Nach dem Kochbuch des Apicius (1. Jh.) war Ingwer bei den alten Römern die Zutat zu einer Bratensoße. Empfohlen wurde er außerdem zu Erbsenpüree und als Teil der Fleischfüllung für Hühner. Es gibt Ingwer als frische oder getrocknete Wurzel, eingemacht, gemahlen und kandiert. Ungeschälte Wurzeln sollte man in Frischhaltefolie wickeln und im Kühlschrank aufbewahren, geschält kann man sie reiben, klein hacken, in Scheiben schneiden und Saucen zugeben. Als Tee ist getrockneter Ingwer, mit kochendem Wasser aufgebrüht, zu empfehlen.

Letztlich reagiert jeder Körper unterschiedlich auf Substanzen, doch in jedem Fall ist Zurückhaltung geboten, wenn Ingwer als potenzielles „Mittel gegen Krebs" genannt wird – ebenso bei Asthma und Migräne.

Schon im Alten Rom bekannt: Ingwer war frühzeitig in der Küche weit verbreitet.

Leut nicht zu vil essen, es kann sonsten wol großer schad daraus erwachsen".

Das Kochbuch von 1691 bot konkrete Vorschläge für Menüabfolgen, nach Monaten im Jahresverlauf unterschieden. Zum Januar würde demnach passen: Eingangs eine Schnecken- oder Selleriesuppe, gefolgt von Hecht mit Heringen, anschließend gebratene Rebhühner mit einem Salat vom Blumenkohl als Beilage. Im Juli wäre eine gute Folge: Zunächst eine Erdbeersuppe, dann Frösche, gefolgt von einer gebratenen Hirschkeule mit Salat aus Artischocken als Hauptgang.

Nürnberg blieb bis ins 19. Jh. hinein ein Kompetenzzentrum für den Umgang mit Nahrungsmitteln. Das gesammelte Wissen schrieb Johann Carl Leuchs in einer 1817 in Nürnberg gedruckten *Vollständigen Anleitung zur Mästung der Thiere, oder Theorie der Viehmästung* nieder. Leuchs war von modernen Standards allerdings weit entfernt: „Der Magen kann durch Gewürze, (bittere, gewürzhafte Kräuter, besonders Wermuth, Salz, Wachholderbeeren etc.) gestärkt, die Verdauung bey manchen Thieren durch Sand, Kohle etc. befördert; durch gehörige Zubereitung (Stampfen, Schneiden, Kochen) des Futters, durch eine angemessene Menge und öftere Mahlzeiten aber erleichtert werden."

Gewürze aus dem Orient

Nürnberg als Drehkreuz in der Lieferkette

Im zweiten Stock des Museums Tucherschloss in Nürnberg ist die Tafel gedeckt. Teller und Besteck liegen bereit. Nur Speisen fehlen auf dem Tisch – und natürlich Gäste. Es gibt im heutigen Museum auch keine Küche, um die Speisen nach den alten Rezepten zubereiten zu können. Man kann es sich trotzdem vorstellen: Schüsseln mit dampfendem Mus, Schalen mit gekochten oder gebratenen Fleischstückchen und Gemüse jeder Art – mit Safran gut gefärbt, wie es Peter Wagner empfahl. Dazwischen stehen Fässchen mit Pfeffer, Ingwer und Muskat, um nachzuwürzen.

Die Gewürze zeigten einst Wohlstand an. Möglicherweise handelte es sich um Gastgeschenke. Gewürze als Geschenk mitzubringen, das garantierte strahlende Gesichter der Gastgeber – denn die Gaben hatten einen hohen Preis. Sie kamen schließlich von weit her. Aber woher eigentlich?

Der „Erdapfel“ – mehr als ein „seltsames Werk“

Auf der Insel Neucuran „wachsen Muscatt, Zimeth, Negel“, schrieb Martin Behaim 1491 auf seinen Globus, den berühmten „Erdapfel“ aus Nürnberg – für Zeitgenossen freilich „ein seltsames Werk“. Behaim bezog sich mit seinem Text auf dieser ältesten erhaltenen Darstellung der Erde in Kugelgestalt ausdrücklich auf den Reisenden Marco Polo, aber auch einen geheimnisvollen Bartolomeo Florentino (möglicherweise Bartolomeus Dias). Wahrscheinlich war mit „Neucuran“ die Inselgruppe der Nikobaren gemeint.

Behaim und die Nürnberger Kaufleute, die den „Erdapfel“ bestaunten, spielten eine Schlüsselrolle bei der Verbreitung von Gewürzen wie den genannten. Kurz nach 1500 wurde in Nürnberg eine Schrift mit dem Titel *Den rechten Weg auß zu faren von Lißbonna gen Kallakuth von Meyl zu Meyl* veröffentlicht. Er habe die Gewürze gesehen, schreibt der unbekannte Autor des Büchleins, das der Buchdrucker Georg Stuchs herausgab. Schon die zurückkehrenden Schiffe vieler Kreuzfahrer und frühen Pilger ins Heilige Land hatten bei ihrer Rückkehr Pfeffer, Muskat, Nelken und Kardamom in den Laderäumen. Einer der prominentesten Rückkehrer

Ein „seltsames Werk“: Den „Erdapfel“ des Martin Behaim bestaunten die Zeitgenossen genauso wie die Nachwelt.

war Konrad III., der 1124 ins Heilige Land aufgebrochen war. Insgesamt soll er sich neun Mal in Nürnberg aufgehalten haben. Der genannte legendäre venezianische Händler Marco Polo (1254–1324) erhöhte mit seinen Reiseberichten das Wissen über die Gewürze.

Es waren aber die Nürnberger Kaufmannsdynastien, die zwischen dem 14. und dem 16. Jh. für die Verbreitung der Gewürze diesseits der Alpen sorgten. Diese sogenannten „Pfeffersäcke" waren mit ihrem unternehmerischen Engagement Champions bei der Organisation einer frühen globalen Lieferkette. Was sie in ihren Kaufmannszügen transportierten, hatte nachhaltige Wirkungen auf die Essensgewohnheiten. Der Handel brachte den Kaufmannsfamilien Vermögen ein, der Reichtum beeinflusste wiederum die Stadtentwicklung und erklärt heute viele Elemente des nach dem Weltkrieg wieder aufgebauten traditionellen Stadtbildes.

Was aßen die Menschen vor dem Einzug der Gewürze aus der Ferne in die Küchen? Darüber geben am besten alte Abfallgruben Auskunft, die Archäologen ausgegraben haben. Die Basis der Ernährung war demnach Getreide wie Hirse, Hafer, Buchweizen und Roggen, das man meist zu Brei kochte. Gemüse spielte eine geringere Rolle als heute, vieles (wie Kartoffeln und Mais) kannte man hierzulande noch nicht. Fleisch und Fisch gab es, aber über deren Verbreitung streiten sich die Historiker. Hausschweine liefen oft frei in den Städten und Dörfern umher und suchten sich auf den Straßen aus dem Unrat ihr Fressen zusammen. Gartenkräuter gab es sehr wohl, aber sie brachten kaum so viel Biss in die Küche wie später die exotischen Gewürze.

Eingebunden im globalen Netzwerk

Die neuen Gewürze fielen unter den Sammelbegriff der „Orientwaren". Pfeffer stand an der Spitze. Zusammen mit Zimt, Muskat, Nelken, Ingwer und anderen exotischen Gewürzen revolutionierte er die europäische Küche. Globalisierung im Handel involvierte viele Akteure, viele Glieder einer Kette – das war damals so wie heute. Die Nürnberger Kaufleute waren ein Glied im globalen Netzwerk: Die Mehrzahl der genannten Gewürze stammte eigentlich aus Ostindien, doch die „Pfeffersäcke" fuhren nicht selbst in die Herkunftsländer, in denen die Gewürze geerntet wurden.

Ein anderes Glied in der mittelalterlichen Lieferkette waren arabische Zwischenhändler, die den Transport von den Ursprungsgebieten in den mediterranen bzw. europäischen Kulturkreis übernahmen. Mit ihren traditionellen Segelschiffen, den Dhaus, brachten arabische Seeleute die wertvolle Fracht dank der Monsunwinde über den Indischen Ozean zur Arabischen Halbinsel – genauer: zur Küste des heutigen Oman oder Jemen. Dort übernahmen Karawanen den Transport zu den Häfen des Mittelmeers. Dabei folgten sie der sogenannten Gewürzstraße – weitgehend identisch mit der legendären Weihrauchstraße. Die Domestizierung des Kamels bzw. Dromedars war eine Voraussetzung für die Karawanen.

Woher genau die einzelnen Gewürze ursprünglich stammten, war ein wohlbehütetes Betriebsgeheimnis der Araber. Wenn sie nach der Herkunft von Pfeffer gefragt wurden, erfanden sie daher abenteuerliche Reisen in unbekannte Länder. Er stamme aus Pfefferwäldern, die von giftigen Schlangen bewacht würden, lautete eines der Gerüchte. Manche sprachen von den Gewürzen als den „Düften des Paradieses". Aristoteles glaubte einst, dass Zimt von den Nestern der Zimtvögel stamme und mit Pfeilen von den Bäumen geschossen würde.

Alexandria, Jaffa, Gaza und El-Arish am Nordufer der Sinai-Halbinsel waren am östlichen Mittelmeer die Ziele der Karawanen und damit die wichtigsten Häfen für die Verschiffung. Am anderen Ende der Seeroute über das Mittelmeer war Venedig das zentrale Nadelöhr. Die Stadt gewann dadurch wirtschaftliche und politische Stärke. Dort kauften die Nürnberger Kaufleute einen großen Teil der „Orientwaren" ein. Alternativ existierten über Genua Beziehungen in den Orient, doch für die Nürnberger Kaufleute blieb die Serenissima der wichtigste Umschlagplatz.

Die Frage, wer der erste Kaufmann aus Nürnberg war, der Venedig aufsuchte, muss unbeantwortet bleiben. Eine Urkunde aus dem Jahr 1331 erwähnt den Aufenthalt eines Marquard Tockler in Venedig – möglicherweise war er ein Vertreter der Familie Behaim. Die

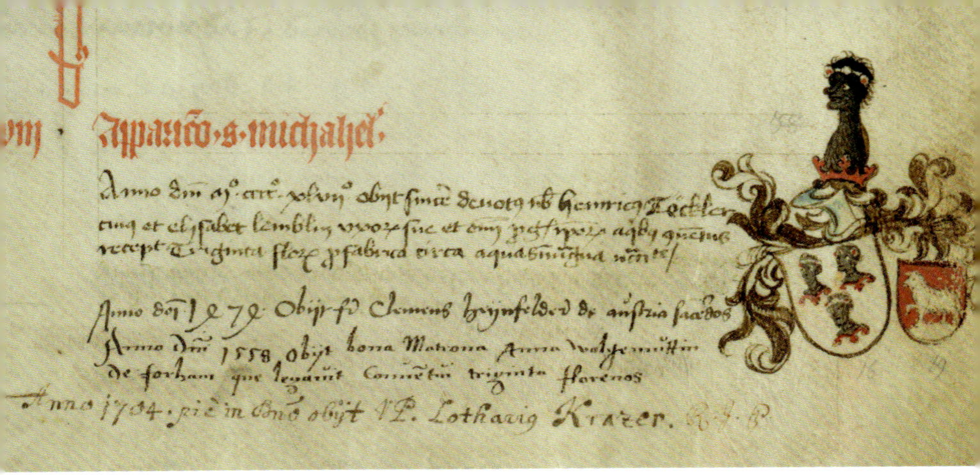

Das Wappen der Tockler: Eine Spur der Familie führt nach Venedig.

Tockler standen zu jener Zeit auf der Liste der angesehenen Patrizierfamilien in Bamberg und Nürnberg und hatten Mohrenköpfe im Wappen.

Die Nürnberger Kaufleute lösten ab der Mitte des 14. Jhs. die im Venedig-Geschäft bis dahin dominierenden Regensburger Konkurrenten wie die Familie Runtinger ab. Ein Handelsbrief aus dem Jahre 1370 berichtet über die Verbindung nach Venedig als „Stapelplatz von Orientwaren". In der Literatur tauchen unter den frühen Kaufmannsfamilien die Eisvogel, Mendel, die Ebner und die „Imhoffsche Handelsgesellschaft" auf. Genannt werden Konrad Löw, Ulrich Botenstein und Marcus Pfinzing. Konrad Behaim ließ um 1380 offenbar in Venedig Schulden zurück. In späteren Zeiten stößt man beim Gewürzhandel auf praktisch alle Patrizierfamilien von Rang und Namen.

Die Nürnberger Kaufleute transportierten die „Orientwaren" dann über die Alpen in ihre Heimatstadt, und von dort wurden die Gewürze in aller Herren Länder nördlich der Alpen geliefert – nach Böhmen genauso wie in die Hansestädte im Norden. Letztlich lassen sich die Nürnberger Kaufmannszüge über die Alpen und nördlich davon als eine Verlängerung der Kamelkarawanen im Orient verstehen.

Es war üblich, dass sich verschiedene Patrizierfamilien zu den Fahrten nach Venedig zusammenschlossen – nach heutigen Begriffen eine Risikoteilung. Das war alles leicht zu organisieren, denn die

Familien, in deren Händen das Geschäft lag, waren untereinander vielfach verschwägert. Man blieb unter seinesgleichen. Der einzelne Kaufmann verteilte seine Waren gern auf verschiedene Planwagenzüge, und das Sortiment deckte ein breites Spektrum ab: Gewürze, Tuche, vielleicht Harnische und andere Produkte Nürnberger Handwerkskunst.

Überfälle auf die Kaufmannszüge verdarben jedoch immer wieder das Geschäft. Dabei kamen die legendären Raubritter ins Spiel. Auch ein Geleit durch Söldner der Landesherren, deren Territorium ein solcher Zug gerade passierte, schreckte sie nicht ab. Die Herren von Waldenfels beispielsweise hatten es immer wieder auf die Händler abgesehen. 1444 zogen die Nürnberger mit dem Beistand anderer Städte gegen die Waldenfelser zu Felde. Bekannt sind die Fehden des Ritters Götz von Berlichingen, die – wie 1512 bis 1514 auch gegen Nürnberg – die Wege unsicher machten. Daneben gab es allerlei „Spitzbuben, so hin und wieder in den Landen, wie eine streiffende Rott, umherziehen", ist in einem Dokument aus dem Jahre 1575 zu lesen.

In der Lieferkette unverzichtbar: Die Karawanen arabischer Zwischenhändler übernahmen den Transport bis zu den Mittelmeerhäfen.

Nürnberger am Canal Grande

In Venedig traten die deutschen und die arabischen Kaufleute nicht in direkte Geschäftsbeziehungen. Nach den Vorschriften hatten sich die Deutschen unmittelbar nach der Ankunft in der Lagunenstadt zum Fondaco dei Tedeschi, der Herberge der Deutschen am Canal Grande, zu begeben. Dieses Gebäude wurde erstmals 1228 in einer Urkunde erwähnt. Das italienische Wort „fondaco" ist übrigens vom arabischen Wort „funduq" für Herberge abgeleitet. Ebenfalls am Canal Grande – nur 15 Gehminuten entfernt – war der Fondaco dei Turchi zu finden. Hier begegnete man den Lieferanten der Gewürze aus dem Orient.

Der Fondaco dei Tedeschi hatte 56 Wohnräume mit Betten und Unterkunftsräumen, Handwerksstuben sowie etliche Warenmagazine und Verkaufshallen. Darin kamen leicht rund 100 Personen unter. Nürnberger Kaufmannsfamilien schickten ihren Nachwuchs gern in dieses Haus in die Lehre, Vertreter der Familien hielten sich oft monatelang in Venedig auf. Man aß zusammen mit befreundeten Kaufleuten an einer eigenen Tafel.

Zwischen 1505 und 1507 hielt sich auch Albrecht Dürer in Venedig auf – und wohnte im Fondaco dei Tedeschi. Zu seinen Werken zählen das Bildnis eines orientalischen Reiters und eine Zeichnung mit „Drei Orientalen". Es ist anzunehmen, dass Dürer während seines Aufenthalts in der Lagunenstadt im Umfeld des nahen Fondaco dei Turchi auf solche Motive stieß.

Venezianische Behörden regelten die gegenseitigen Geschäftsbeziehungen genau und waren damit ein weiteres Glied in der Kette. Die Aufsicht hatten die „sensali", die amtlich bestellten Makler und Zollsachverständigen. 1314 gab es rund 30 von ihnen. Sie hatten einen lukrativen Posten: Der Sensal kassierte ein halbes Prozent Provision von jedem Geschäft. Es standen zudem einheimische Träger und Ballenbinder bereit, die zu bezahlen waren. Wie der Handel in Venedig und an anderen Handelsplätzen ablief, und wie viele Nebenkosten einzukalkulieren waren, das fasste 1558 ein Lorenz Meder für seine Kaufmannskollegen im „Handel-Buch" zusammen.

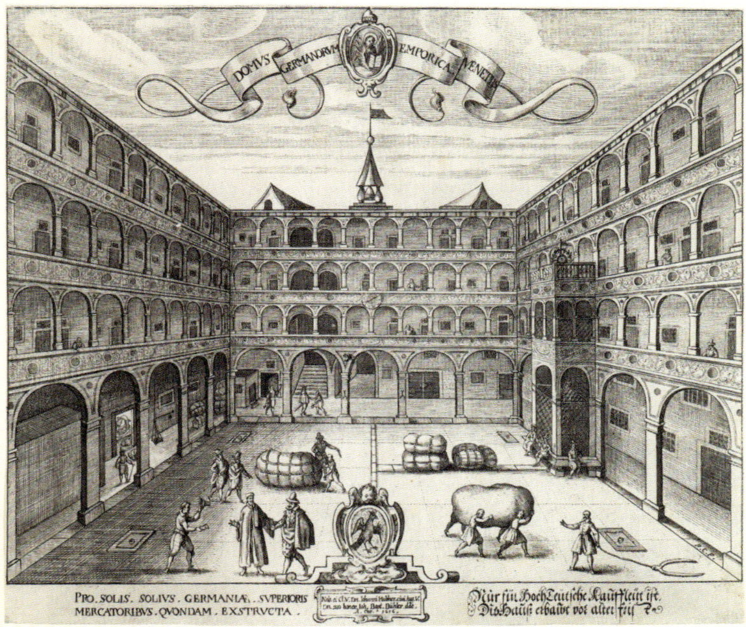

Herberge der deutschen Kaufleute: Der Fondaco dei Tedeschi lag in Venedig nur wenige Gehminuten von der Unterkunft der Händler aus dem Orient entfernt.

Probleme gab es mit der sprachlichen Verständigung: Die „sensali“ mussten Deutsch verstehen und sprechen können. Dafür gab es in der Nähe des Fondaco dei Tedeschi eine Sprachschule. In den 1420er-Jahren wurde sie von einem Georg von Nürnberg betrieben. Ein Lehrbuch half bei der Schulung, für die die angehenden „sensali“ bezahlen mussten. Unterrichtet wurde ein Wirtschaftsdeutsch mit besonderem Augenmerk auf die doppelte Buchführung.

Nach alten Urkunden erreichte der Umsatz, den deutsche Kaufleute in Venedig mit Gewürzen erzielten, 1472 einen Wert von rund einer Million Dukaten. Nach der Kaufkraft lässt sich dieser Betrag auf umgerechnet zwischen 70 und 100 Millionen Euro schätzen. Allein zwischen dem 8. Juli und dem 6. August 1506 befanden sich unter den von Venedig nach Deutschland ausgeführten Waren 111.800 Pfund Ingwer, 7192 Pfund Muskatnuss und 5271 Pfund

Gewürznelken. Nach Schätzungen importierte Venedig im 15. Jh. im Jahr durchschnittlichen etwa 500 Tonnen Pfeffer.

Die Gewinnspanne war enorm, aber sie unterlag enormen Schwankungen, und die Kalkulation war schwierig. Nach einer der überlieferten mittelalterlichen Listen kosteten zwei einzelne Muskatnüsse den Konsumenten in deutschen Landen zeitweise so viel wie eine Kuh. Immer wieder gab es zudem Nachschubprobleme in der Lieferkette, die sich in den Preisen niederschlugen. So verdoppelte sich an der Wende vom 15. zum 16. Jh. der Beschaffungspreis von Pfeffer in Venedig innerhalb eines Jahres. Ursache war das zeitweise Ausbleiben der Transportschiffe aus dem Orient über das Mittelmeer.

Zu manchen Zeiten gab es andererseits nördlich der Alpen ein Überangebot. Das führte wiederum zu einem Preisverfall – sehr zum Leidwesen der Nürnberger Kaufleute, deren Gewinnspanne dadurch sank, denn die Kosten beim Einkauf verringerten sich nicht.

Zu den eigentlichen Kaufpreisen und den Steuersätzen kam noch manches andere hinzu. Eine Aufstellung der Unkosten beim Kauf von Waren in Venedig aus dem Jahr 1572 weist feste Tarife für Dienstleistungen wie die der Ballenbinder oder Träger aus. Landesherren, deren Territorium die Warenzüge passierten, verlangten obendrein unerbittlich Wegzoll – egal, wie es um den Markt für die geladenen Produkte gerade stand.

Ein zusätzliches Handicap beim Handel mit Venedig war das Chaos bei den Maßeinheiten: Für die Besteuerung gab es unterschiedliche Gewichte für „grobe Waren“, für „Spezereien“ einschließlich Zucker sowie für Silber, Gold, Edelsteine und Perlen. Ebenfalls Grund zur Klage der Kaufleute gab die Tarifpolitik, die als willkürlich empfunden wurde. So ist dem zeitgenössischen Briefverkehr zu entnehmen, dass 1561 in Venedig der Zollsatz für Safran und Pfeffer verdoppelt wurde.

Kompasse und Meilenscheiben

Ein spezielles Knowhow sorgte dafür, dass die Nürnberger Kaufleute zu Champions im Gewürzhandel werden konnten: Die Stadt war im Mittelalter eine Hochburg der Kartografie. Die „Romwegkarte“ des Kompassmachers Erhard Etzlaub aus Nürnberg von 1500 gilt als älteste deutsche Straßenkarte. Schließlich entstanden sogenannte Meilenscheiben, die von einer jeweiligen Stadt aus kreisförmig die Routen mit einzelnen Etappen aufzeigten. Die älteste erhalten gebliebene Scheibe mit Nürnberg als Mittelpunkt schuf Georg Kreydlein 1575. Sie enthielt 13 Routen. Das Meisterwerk in Sachen Meilenscheiben war der „Wegzeyger“ von Johann Schirmer aus dem Jahre 1613 mit 24 von Nürnberg ausgehenden Fernstraßen und insgesamt 545 eingetragenen Etappenorten.

Der Trip nach Venedig dauerte unterschiedlich lang. Hans Tucher ritt über Augsburg und den Brenner und brauchte 13 Tage, um ans Ziel zu gelangen. Für die Einkaufstour über die Alpen kamen zwei Routen in Frage: Eine über den Fern- und den Reschenpass, die andere über Kärnten. Gmünd und Villach waren wichtige Etappen auf der Fahrt nach Venedig. Die Brenner-Route war bis zum 16. Jh. für Kaufmannswagen schwer passierbar und wurde von den Augsburgern genutzt.

Von Nürnberg aus gingen die sogenannten Orientwaren und der Safran nördlich der Alpen in aller Herren Länder. Messen wie in Frankfurt und Leipzig waren wichtige Zielorte, doch darüber hinaus war die Liste der Städte, die die Nürnberger Kaufleute direkt ansteuerten, endlos. Schließlich profitierten die Patrizier von der Zollfreiheit, die die Reichsstadt mit anderen Städten auf Gegenseitigkeit vereinbart hatte. Das älteste überlieferte Dokument dieser Art stammt aus dem Jahre 1112 und galt für die Handelsbeziehungen zwischen Worms und Nürnberg. Nach einer Aufstellung von 1334 galten solche Vereinbarungen zwischen Nürnberg und 73 Orten.

Zu den Gewürzen kamen die Produkte der Nürnberger Handwerker zur Fracht auf den Ladeflächen der Kaufmannswagen hinzu. „Nürnberger Tand geht durch alle Land’“, hieß es über die Kaufmannsaktivitäten. „Nürnberg Hand bescheißt alle Land’“, lautete hingegen die Variante geschäftlicher Neider außerhalb.

Große Bedeutung hatte auch der Handelsverkehr mit Prag. Er ist ab 1321 urkundlich belegt. Die Straße dorthin wird traditionell als die „Goldene Straße“ bezeichnet: Karl IV. erklärte sie zur Reichsstraße und bestimmte, dass auf ihr die böhmischen Könige zu den Reichstagen und Kaiserwahlen reisen sollten. Als Metropole und königliche Residenzstadt ging von Prag eine hohe Nachfrage aus. So war es ein bedeutender Absatzmarkt für die Nürnberger Gewürzhändler. Aus Böhmen kamen auf dieser Strecke in umgekehrter Richtung vor allem Häute, Wachs, Kupfer, Zinn und Eisen. Von Prag aus führten Routen weiter nach Breslau und Krakau. Die Nürnberger Kaufleute garantierten die Versorgung auch Polens mit Pfeffer und Safran. Von Krakau aus hatten sie seit 1365 ein Privileg, bis nach Lemberg in der heutigen Ukraine freien Handel zu betreiben.

Im Westen ist Straßburg als Zielort zu nennen. Die Stadt war außerdem ein bedeutender Absatzmarkt für die Nürnberger Rüstungsschmieden. Bis zum Dreißigjährigen Krieg waren die Harnische und „Nürnbergische Panzerhemden“ aus Drahtgeflecht ein echter Exportschlager. Umgekehrt kauften die Nürnberger in Straßburg Elsässer Weine ein. Über Frankfurt und Köln reichten die Beziehungen bis nach Brügge und Antwerpen. Dort konnten die „Pfeffersäcke“ die begehrten Tuchstoffe aus Flandern einkaufen, und hier befand sich sogar ein Sprungbrett nach England mit seinen Wollstoffen.

Im Norden führten Routen z. B. bis nach Lübeck. Von dort aus wurde ein Teil des Ostseehandels erschlossen. Über Leipzig ging es nach Danzig, von wo aus es ein Katzensprung nach Riga und zu den Märkten des Baltikums war. Von dort wurden unter anderem Pelze aus dem russischen Zarenreich bezogen.

Einige wenige Vertreter der Nürnberger Patrizierfamilien fuhren weit über Venedig hinaus und begaben sich selber in den Orient. Den Anfang machte wahrscheinlich 1453 Georg Ketzel. Hans VI. Tucher war jedoch in der Liste der Orientreisenden aus Nürnberg im 15. Jh. der bekannteste, weil er nach der Rückkehr eine ausführliche Reisebeschreibung lieferte. Sie enthielt – wie ein moderner Reiseführer – Tipps: So empfahl Tucher z. B. „Korianderkonfekt“ als Mittel gegen Seekrankheit.

Tucher reiste 1479 in den Orient. Er quartierte sich unterwegs zunächst im Fondaco dei Tedeschi ein, bevor er sich als einer der Jerusalempilger zur Fahrt über das Mittelmeer einschiffte. Sebald

Von Nürnberg nach Jerusalem: Hans VI. Tucher gab Tipps für unterwegs.

Rieter von Kornburg befand sich unter seinen Begleitern. Tucher schrieb unter anderem über Begegnungen mit Kamelkarawanen auf der Halbinsel Sinai – eine bestand aus 600 Tieren, wie er berichtete. Sie waren zweifelsohne vor allem mit Gewürzen beladen. Mit vier Begleitern reiste Tucher von Jerusalem nach Kairo. Er nennt die Zahl von 8000 Kamelen, die er dort gesehen haben will und die nach seinem Bericht Wasser vom Nil in die einzelnen Stadtteile transportierten. Auf Maultieren ritt die Reisegruppe am Ende nach Alexandria, um zurück nach Hause zu segeln.

Andere Orientreisende aus Nürnberg waren im 14. Jh. die Ketzels sowie ein Gabriel Muffel, und Christoph Fürer berichtete 1565/66 von seiner *Reise nach Ägypten, Arabien, Palästina, Syrien.*

Koriander – schon Moses wusste ihn zu schätzen

Koriander ist in vielen Medikamenten gegen Magen-Darm-Störungen enthalten, die Samen finden Verwendung in vielen Verdauungstees. Er kommt neuen Untersuchungen zufolge sogar als natürliches Antibiotikum in Betracht. Den Samen verwendeten jedenfalls schon die alten Babylonier und Ägypter – man fand sie z. B. im Grab des Tutenchamun, und das Gewürz wird im 2. Buch Mose erwähnt. Griechen und Römer würzten damit Wein, im Mittelalter empfahlen Ärzte es als Aphrodisiakum und als Mittel gegen Flöhe und Läuse. Das Gewürz passe zu fast jedem Gericht, ist zu lesen. Ein Tipp lautet: Wenn man zu einem Gericht zu viel Gewürznelken oder Zimt hinzugegeben habe, könne Koriander das einigermaßen abmildern.

Die Bücher von Tucher und Fürer findet man heute online, gescannt von der Originalhandschrift, in der Digitalen Bibliothek des Germanischen Nationalmuseums.

Der König unter den Gewürzen

Eine Geschichte eigener Art verbindet sich mit dem Safran, dem teuersten unter den Gewürzen. Schon in der Antike war der Stoff als Luxusprodukt bekannt. Er fiel nicht unter die Orientwaren, auch wenn die Pflanze ursprünglich in Vorderasien und im heutigen Griechenland (wohl auch auf Kreta) beheimatet war. Im 8. Jh. war Bagdad der wichtigste Umschlagplatz für persischen Safran. Durch Kreuzritter und die arabische Herrschaft in Andalusien gelangte der wertvolle Stoff nach Europa. Auch hierfür war Venedig ein Lieferzentrum.

Bereits um 1100 gab es Safrankulturen in der Toskana und in den Abruzzen. Einer der wichtigsten Hauptumschlagplätze war Aquila. In anderen zeitgenössischen Quellen heißt es, die beste Sorte, die in Venedig angeboten werde, stamme aus Apulien. Im 16. Jh. kam das Gewürz vor allem aus Südfrankreich und über Barcelona aus Katalonien. Der Nachschub war jedoch unregelmäßig, die Lieferwege waren verschlungen. Nürnberger Kaufleute erstanden z. B. in Lyon Safran aus Süditalien, um die Ware anschließend in Amsterdam zu verkaufen. Wer etwas auf sich hielt, bevorzugte allerdings den aus dem Orient importierten Safran. Versuche, Safran im Elsass anzubauen, scheiterten.

Die gewieften Nürnberger Gewürzhändler ließen es sich nicht nehmen, auch in dieses Geschäft einzusteigen. Zeitgenossen nannten Safran gerne das „rote Gold“. Um sich eine Teil dieses Kuchens zu sichern, mussten jedoch die vorherrschenden Kaufleute aus Basel verdrängt werden. Konkurrenten waren zu diesem Zeitpunkt außerdem Handelsgesellschaften aus Ravensburg und Augsburg – beispielshaft seien hier nur die Neithardt genannt, die mit den Welser verbündet waren. 1495 führte erstmals ein Mitglied der Nürnberger Familie Tucher Safran aus dem spanischen Saragossa ein.

Safran – Stoff für den Göttervater

Nach der griechischen Mythologie schlief Göttervater Zeus auf Safran, und reiche Römer streuten das Gewürz auf die Hochzeitsbetten. Wegen des Geruchs wurde bei den alten Römern in Wasser aufgelöster Safran um die Scheiterhaufen gesprengt.

Wegen der darin enthaltenen Öle soll Safran laut einem pharmazeutischen Lexikon von 1899 narkotische Wirkung haben. Er wurde im 14. Jh. zudem in einem medizinischen Lehrbuch als Mittel gegen Depressionen erwähnt – Wissen, das aus der persischen Volksheilkunde stammte. Fleischbrühe wurde gern mit Pfeffer und Safran versehen. Wegen seines Farbstoffs – das Wort kommt vom arabischen *safra* = gelb – wurde Safran bisweilen auch zur Herstellung von Arzneien verwendet.

Im deutschen Sprachraum wurde Safran als „caferan“ erstmals um 1150 in einem Arzneibuch erwähnt. Die Nachfrage erhöhte sich durch die zunehmende Verwendung bei der Färbung von Textilien und als Zutat in der Kosmetik. Vor allem aber gefiel die Farbe in den Speisen und Getränken, die die Köche bereiteten. Wie die Farbe andeute, fördere Safran nach Meinung vieler Menschen im Mittelalter ein sonniges Gemüt. Man schrieb dem Stoff beruhigende und verdauungsfördernde Wirkung zu. Die alten Griechen bereiteten aus Safran einen Tee, der bei Schlaflosigkeit und gegen die Auswirkungen allzu großen Weingenusses helfen sollte.

Für göttliche Hochzeitsbetten: Safran brachte guten Duft.

Nach dem Haushaltsbuch des Anton Tucher aus der Zeit zwischen 1507 und 1517 kostete ein Pfund Safran einmal einen Gulden, ein anderes Mal zahlte er für ein halbes Pfund zwei Gulden und zehn Kreuzer. Genaue Preisvergleiche sind freilich kaum möglich, denn die Gewichtseinheiten waren nicht eindeutig. Zur Veranschaulichung: Hans Paumgartner erzielte 1501 nur mit Safran einen Umsatz von 9824 Gulden. Für diesen Betrag hätte er in seiner Heimatstadt locker mindestens 30 Häuser kaufen können.

Zu den bedeutenden Safranhändlern gehörten die Imhoff sowie die Nürnberger Welser. In der Regel betrieben Einkaufskartelle mehrerer Kaufmannsdynastien das Geschäft – um die Mitte des 16. Jhs. taucht in der Literatur ein Welser-Imhoff-Kartell beim Safranhandel auf. Die Welser verdienten mit dem Safran das Geld, um Kupfer und Rohstoffe zu importieren, die die Nürnberger Handwerker benötigten. Zu anderen Zeiten verbündeten sich die Nürnberger Tucher mit den Manlich aus Augsburg und den Ingolt aus Straßburg.

Die neuen Gewürze veränderten unsere Esskultur gründlich. Sie nahmen und nehmen zugleich Einfluss auf unsere Gesundheit. Forscher können nachweisen, dass in den alten Rezeptbüchern viel medizinisches Wissen versteckt ist. Gewürze wurden als Teil des „mittelalterlichen Arzneischatzes“ beschrieben – ein Gedanke, der an der Universität Graz 2013 in einer Tagung mit dem Titel „Der Koch ist der bessere Arzt“ aufgegriffen wurde. Die antibakterielle Eigenschaft von Gewürznelken beispielsweise war bereits vor gut 4500 Jahren in China bekannt. Ingwer, reich an Vitamin C, wurde in der europäischen Antike als Mittel gegen Übelkeit gekaut. Nach wissenschaftlichen Studien reduziert Muskat den Cholesterinspiegel. Er wirkt zudem als Aphrodisiakum. Zimt wird beruhigende und fiebersenkende Wirkung zugeschrieben, er gilt als Mittel zur Förderung der Durchblutung und gegen Entzündungen. Pfeffer ist das Gewürz, von dem heute noch weltweit am meisten verbraucht wird. Als einer der ersten stieß wohl Alexander der Große bei seinem Indienfeldzug auf dieses Gewürz. Historiker bezeichneten die alten Römer gar als „pfeffersüchtig“.

Aus mittelalterlichen Dokumenten geht hervor, dass Lehensrechte und Zollfreiheiten zuweilen durch Pfefferabgaben erkauft

Begehrt in allen Landen: Der „Nürnberger Tand" ergänzte das Sortiment der Kaufmannswagen.

wurden. Abhängige Adelige konnten sich mit der Abgabe dieses Gewürzes an den Landesherrn vom Kriegsdienst freikaufen, zu dem sie verpflichtet gewesen wären – frei nach dem Slogan: Gibst du dem Fürsten seinen Pfeffer, liefert er dich nicht ans Messer. Der Westgotenkönig Alarich soll 410 bei seinem Feldzug von den Bewohnern Roms 3000 Pfund Pfeffer als Lösegeld gefordert haben.

Angesichts der ihnen zugeschriebenen Heilkräfte wurden die Gewürze hierzulande zunächst als Medizin in Apotheken angeboten. In Nürnberg taucht in den alten Dokumenten im Jahr 1276 als erster ein „apothecarius" Johannes auf. Man vermutet, dass dieser sein Wissen in einem Franziskanerkloster erworben hatte. 1302 ist in den Quellen von einem „Apothekarius Hanilinus" die Rede – heute wäre der Familienname Heinlein. Er verkaufte das, was man damals als „Arzneikram" bezeichnete. Noch Anfang des 17. Jhs. schworen Ärzte darauf, dass eine Mischung von Safran, Muskat, Nelken und anderen Gewürzen – in einem aufgewärmten Gemisch aus Wasser und Wein, morgens nüchtern getrunken – zur Vorbeugung gegen die Pest gut sei.

Die Nachfrage nach den exotischen Gewürzen war bei der Kundschaft an den Zielen der Nürnberger Kaufmannszüge wie in den Haushalten der reichen Patrizier selbst gleichermaßen hoch. Sie stieg so rasant, dass neben den Apothekern in der Stadt bald sogenannte Gewürzkrämer ihre Geschäfte öffneten. Ein gewisser Perchtolt Kromer († 1453) war einer der ersten von ihnen. Sein Bild in den

Hausbüchern der Nürnberger Zwölfbrüderstiftungen zeigt einen bärtigen Mann hinter einem Brett, das auf einem Fass liegt und mit Säckchen seiner Waren bestückt ist. Kromer betrieb also kein stationäres Geschäft, sondern bot die Gewürze unter freiem Himmel an. 1656 gab es in Nürnberg insgesamt 45 Gewürzkrämer und „Spezereienhändler". Ein neuer Gewerbezweig war damit geschaffen.

Die Handelsrouten ändern sich

Die Zeiten ändern sich, und die Nürnberger Kaufleute wurden mit neuen Entwicklungen konfrontiert, die ihre führende Position im globalen Handel mit Orientwaren in Frage stellten. Die Erschließung des Seewegs rund um Afrika nach Indien und Südostasien hatte drastische Folgen: Neue Routen leiteten die globalen Handelsströme um. Gewürze kamen nun weniger über die Karawanenwege der Araber und über das Mittelmeer nach Venedig und damit nach Europa, sondern in immer größeren Mengen durch die Handelsflotten der Spanier und Portugiesen und bald auch der Holländer und Engländer.

Die Nürnberger Handelshäuser versuchten, am Profit der neuentdeckten Seehandelswege teilzuhaben. Dabei kam es ihnen zugute, dass sie seit alters her Handelsstraßen bis zur Iberischen Halbinsel frequentierten und auf diese Weise mit Städten wie Sevilla und Lissabon Kontakte hatten, wo die Schiffsflotten ablegten.

Schwarzer Pfeffer – die Sucht der Römer

Noch heute spricht man von schwarzem Pfeffer als dem König der Küchengewürze. Die Substanz führt zu ganz unterschiedlichen Wechselwirkungen: Pfeffer soll die Produktion von Verdauungssäften und die Beweglichkeit des Darms steigern. Außerdem wird ihm eine Wirkung auf die Fettverbrennung nachgesagt. Die Liste der mehr oder weniger seriösen medizinischen Empfehlungen ist lang – sie reicht von Arthritis und der Vorbeugung von Alzheimer über die Behandlung einer Schilddrüsen-Überfunktion bis hin zu Krebs.

Körner des schwarzen Pfeffers fand man – als Teil des Mumifizierungsprozesses – in den Nasenlöchern von Ramses II., der 1213 v. Chr. beerdigt wurde, und Historiker bezeichneten die alten Römer als „pfeffersüchtig". Im Kochbuch des Apicius aus dem 1. Jh. stößt man bei den meisten Gerichten auf diese Zutat – auch bei Gerichten, die heute nicht mehr üblich sind, wie Flamingo, Haselmäuse, Muränen oder gekochtem Strauß sowie Fisch-Frikassee samt Quallen.

Aus mittelalterlichen Dokumenten geht hervor, dass bisweilen ganze Burgen gegen Pfeffer als Lehen überlassen wurden. Für Privilegien wie eine Brunnenbenutzung galt das ebenso. Abhängige Adelige konnten sich mit der Abgabe von Pfeffer an den Landesherrn vom Kriegsdienst freikaufen – frei nach dem Motto: Gib dem Fürsten seinen Pfeffer, liefert er Dich nicht ans Messer.

In Lissabon unterhielten die Tucher – ebenso wie die Behaim und andere Kaufmannsdynastien – Zweiggeschäfte. Erstmals beteiligten sich wohl 1505 neben Florentiner und Genueser auch Nürnberger und Augsburger Kaufleute von Lissabon aus an einer der frühen Indienfahrten. In den Quellen taucht der Name des Lienhard II. Hirsvogel auf.

Wie andere hatte auch er eine Handelslehre in Venedig absolviert. Mit 45 Jahren heiratete er die 14-jährige Patriziertochter Katharina Imhoff. Die Imhoff, außerdem die Höchstetter, Fugger und Welser, hatten ebenfalls Filialen in Lissabon und waren mit beteiligt. Sie rüsteten drei Schiffe aus. Hirsvogel investierte 2000 Dukaten, die Familie seiner Frau sogar 3000. Ob und wenn ja welche Vertreter der genannten Familien persönlich mit an Bord waren, ist nicht überliefert.

Die Rückkehrer, die im Mai 1506 wieder in Lissabon eintrafen, brachten aus Südindien zentnerweise Gewürze, Reis, Seide, Baumwolle, Edelsteine, Edelmetalle und Perlen zurück. Hirsvogels Reingewinn lag bei über 150 Prozent. Auf dieser Grundlage konnte die Familie ein neues Handelsimperium aufbauen. Ein Georg Puck leitete ihre Niederlassung in Lissabon und ging selber auf Indienfahrt – jetzt eigentlich nur noch der Edelsteine wegen. Die Dynastie Hirsvogel hielt sich allerdings nur bis 1550. Sie endete mit dem Tod von Lienhard III., dem Erbauer des Hirsvogelsaals in Nürnberg – heute einer der schönsten Renaissancesäle in Deutschland.

Der große Umschlagplatz für die meisten Gewürze aus dem Orient war nun also nicht länger Venedig, sondern Lissabon. Doch diese Hafenstadt war für die Wagenzüge der Nürnberger Patrizier zu weit entfernt. Die gesamte Lieferkette, die von den Dhaus und den Karawanen der Araber abhängig war, verlor an Bedeutung. Nach der Eroberung Ägyptens mit Kairo und Alexandria durch die Osmanen 1517 brach der Nachschub an Gewürzen über das Mittelmeer auch aus politischen Gründen allmählich zusammen. Über die Preisgestaltung hatten die Nürnberger Kaufleute ebenfalls schon keine Kontrolle mehr. Ein Dokument aus dem Jahre 1523, das über die Lieferungen von mehr als 100 Tonnen Ingwer und fast 2000 Tonnen Pfeffer allein aus Lissabon berichtet, beklagt, dass der König von Portugal Preise festlege, „wie es ihm gefällt".

Es gab weitere wichtige Vertreter der Nürnberger Kaufmannschaft, die im Gewürzhandel mitmischten. Im 16. Jh. ist Lazarus Nürnberger zu nennen. 1499 in Neustadt an der Aisch geboren, trat er mit 15 Jahren in die Lehre des Handelshauses Hirsvogel in Nürnberg ein, für das er drei Jahre später nach Lissabon ging. 1517 begleitete er eine Schiffsflotte nach Goa und Kalkutta. Die Hirsvogel setzten ihn in ihrer Niederlassung in Sevilla ein. Zurück in Nürnberg, gab er seine Kenntnisse über Ostindien an die hiesigen Kollegen weiter. 1525 erwarb er zusammen mit seinem Partner Cromberger als erster Deutscher die Lizenz, nach Westen über den Atlantik hinweg Handel zu betreiben. Sein Engagement richtete sich von nun an speziell auf Venezuela.

Zutat Schwarzer Pfeffer: Er eignet sich gut für fast alle Speisen.

1580 brach Gabriel Holzschuher auf einem Handelsschiff der Portugiesen von Lissabon nach Indien auf, um in Goa eine Niederlassung zu errichten. Die Flotte bestand insgesamt aus fünf Schiffen. In einem Brief an seinen Schwager daheim berichtete Holzschuher von Nelken, Muskatnüssen, Ingwer, Zimt „und anderen

Gewürzen". Auf der Rückfahrt waren vier der fünf Schiffe mit 20.000 Zentnern Pfeffer beladen.

In Nürnberg unterhielten auch Handelshäuser von außerhalb ihre Niederlassungen. Auf diese Weise war die Stadt in diverse Netzwerke eingebunden. Zu nennen sind die Fugger und die Welser aus Augsburg. Textilgeschäfte führten Erstere um 1440 erstmals nachweislich nach Nürnberg. Ulrich und Georg Fugger gründeten erste Faktoreien in Nürnberg und Venedig. Von Nürnberg aus dehnte die Firma ihre Geschäfte nach Osten aus. Mit der Ansiedlung von Hans Fugger 1481 verband sich ein nachhaltiger Aufschwung. 1484 erwarb er ein Haus an der Fleischbrücke. Anton Fugger, 1493 geboren – er war einer der reichsten Männer der beginnenden Neuzeit –, absolvierte einen Teil seiner Ausbildung in Nürnberg. Den hiesigen Zweigbetrieb der Welser übernahm 1493 Jakob I. Welser. Er gründete mit seinen Söhnen den Zweig der Nürnberger Welserschen Handelsgesellschaft mit Kontakten nach Venedig, Lissabon und Sevilla, Genua und Antwerpen.

Das Handwerk folgt den „Pfeffersäcken"

Doch auch die Nürnberger Handwerker waren unmittelbare Nutznießer davon, dass die Handelshäuser mit ihren Gewürzlieferungen ein europaweites Vertriebsnetz erschlossen. Auf den Wagen der „Pfeffersäcke" befanden sich nicht nur Gewürze aus der Ferne, sondern eben auch innovative Produkte der vielfältigen Handwerksbetriebe. In dieser Kombination rentierten sich die weiten Touren der Nürnberger Kaufleute erst, denn die Nachfrage nach Produkten des Handwerks an den Zielorten hätte allein nicht zur Auslastung der Kaufmannszüge ausgereicht.

Die Möglichkeit, die Waren in weit entfernten Märkten abzusetzen, gab dem Handwerk Antrieb. So konnte Nürnberg dank der Innovationen seiner Handwerker über die Jahrhunderte hinweg zu einer der bedeutendsten Hightech-Metropolen und einem führenden Wirtschaftszentrum Deutschlands werden. Einen großen Anteil an der Erfolgsgeschichte hatten die Mühlen, die für Energie

Muskatnuss – auf Hildegards Empfehlung

Bestandteile der Muskatnuss sind Myristricin, Elemicin und Safrol, die potenziell berauschende, wenn nicht gar halluzinogene Wirkung haben können – die indische Volksheilkunde Ayurveda spricht im Zusammenhang mit der Muskatnuss von einer „Rauschfrucht“. Bereits Hildegard von Bingen schrieb im 12. Jh.: „Und wenn ein Mensch die Muskatnuss isst, öffnet sie sein Herz, reinigt seinen Sinn und bringt ihm einen guten Verstand.“

Noch Anfang des 20. Jhs. wurde die Muskatnuss in pharmazeutischen Lexika als Droge bezeichnet. Man sollte in jedem Fall keine zu große Mengen davon konsumieren, denn dann kann das Gewürz giftig sein.

sorgten. Nach einer Zählung in der Mitte des 14. Jhs. hielt die Pegnitz 68 Mühlräder am Laufen.

Insgesamt wurden in Nürnberg über die Jahrhunderte hinweg rund 200 verschiedene Handwerkssparten gezählt. Die Betriebe waren hochgradig spezialisiert – so war das Schmiedehandwerk in bis zu 32 verschiedene Zweige untergliedert. Die Messerer waren noch um die Mitte des 16. Jhs. mit 400 Meistern der zahlenmäßig größte Nürnberger Gewerbezweig. Klingenschmiede, Schleifer und Scheidenmacher waren in die Fertigung einbezogen. Eine weitere Nische bedienten die Drahtzieher mit ihren Produkten. Bekleidungsstücke aus Drahtgeflecht waren ein Exportschlager. Man brauchte sie nicht nur im Krieg, sondern auch bei einem „Gestech“, also bei Turnieren.

Nürnberg galt überhaupt lange Zeit hindurch als Europas Rüstungsschmiede. Die Handwerker wurden aus den Eisenerzvorkommen in der Oberpfalz mit dem Rohstoff versorgt, und die Betriebe in der Stadt belieferten Kunden aller fürstlichen Parteien. Ein Meisterbuch von 1363 zählt allein elf Plattnermeister unter den insgesamt 1217 Meistern in Nürnberg auf. Im 15./16. Jh. war Nürnberg außerdem das europäische Kompetenzzentrum für wissenschaftliche und nautische Geräte wie Kompasse, Quadranten, Astrolabien, Zirkel, Reisesonnenuhren. Zirkelschmiede waren eine Abspaltung aus dem Handwerkszweig der Rotschmiede. 1510 gab

Geschäftlich eng verbunden: Abraham Wolfgang Küfner hält „Pfeffersäcke“ und Handwerksmeister im Gespräch fest.

es mindestens 20, 1621 sogar 26 Kompassmacher in Nürnberg. Ihre Produkte wurden als Hilfsmittel für die großen Entdeckungen jener Zeit eingesetzt.

Von den Geschäften der Kaufleute mit Gewürzen sowie den Produkten der Handwerker profitierten große Teile der Nürnberger Bevölkerung. Die erworbenen Vermögen kurbelten wiederum die Baukonjunktur innerhalb der Stadtgrenzen an, und außerhalb entstand ein Landsitz der Patrizier nach dem anderen. Das Baugewerbe brauchte nicht nur Baumeister, sondern auch die kräftigen Hände von Tagelöhnern.

Auch im Fernhandel gab es viele angestellte Dienstleister, die regelmäßig Arbeit und Einkommen hatten. Dazu gehörten Fuhrmänner und „Güterbestätter“, durch deren Hände alle Frachtbriefe gingen. Es gab die Lader und die Spanner mit ihren Hilfsdiensten. Ihnen zur Seite standen hochspezialisierte Ballenbinder: Je nach der Beschaffenheit und Haltbarkeit der Produkte war die Verpackung auf eine andere Weise vorzunehmen. Von ihrer Arbeit leben konnten auch die Sackträger – in den 1620er-Jahren waren es mehr als 150 – sowie die Wagenhüter, die nachts die Wagen vor den Wohnungen und Herbergen der Fuhrleute bewachten. So wirkte der Handel mit Gewürzen quasi wie ein nachhaltiges Beschäftigungsprogramm.

Natürlich profitierten nicht alle Einwohner von der guten wirtschaftlichen Entwicklung. Die Schere zwischen Reichtum und Armut war in allen mittelalterlichen Städten beträchtlich, und Nürnberg war in dieser Beziehung keine Ausnahme. In der Reichsstadt gab es bereits im 14. Jh. eine sogenannte Bettelordnung: Das Bitten um Almosen war vor allem auf dem Gelände im Umkreis der Kirchen verboten. Immerhin gab es zwei „Pilgerspitäler" für arme fremde Personen, in denen diese umsonst für einen oder für zwei Tage übernachten konnten und verpflegt wurden. 1452 tauchte auf der Liste der Straßennamen auch eine „Elende Gasse" auf. Entspre-

Boten sorgen für die Informationen

Auf der Liste der Berufe standen unter anderem die Boten. Nürnberg wurde zum wichtigen Umschlagplatz für Neuigkeiten; das waren nicht Klatsch und Tratsch, sondern Informationen, die für die Kaufleute wichtig waren. Ohne funktionierende Informationsflüsse kann Handel schwer funktionieren, schon gar nicht über weite Entfernungen. Das gilt heute wie damals. Es war für die Nürnberger Kaufleute unerlässlich, über Ankünfte von Schiffen in Venedig mit Gewürzen aus Alexandria oder Gaza Bescheid zu wissen – wichtig für die Kundenbeziehungen, aber auch für die damals schon blühende Spekulation mit den Waren. Wichtig war zudem das Wissen über Änderungen in den Machtverhältnissen auf den Routen und über andere Faktoren wie die Wegbeschaffenheit und kriegerische Auseinandersetzungen. Zeitweise gab es Sanktionen: Wegsperren, die Kaufmannszüge unmöglich machten. Dann mussten alternative Routen gefunden und benutzt werden.

Angesichts der Bedeutung ihrer Aufgabe verdiente ein Expressbote zu besten Zeiten doppelt so viel wie ein Pfarrer. Was er erfuhr, ging in verschiedene Schriften ein, die als Aviso oder Relatio Verbreitung fanden. Es war die Urform des Zeitungswesens. Den Weg von Nürnberg nach Venedig oder in umgekehrter Richtung schaffte ein Bote notfalls in wenig mehr als vier Tagen, wenn er unterwegs die Pferde wechseln konnte. Ein Handelszug hingegen benötigte für die Strecke 14 bis 16 Tage.

chend viel Andrang herrschte stets auf dem Almosenamt, das auf eine Stiftung von 1388 zurückging. Schon 1332 hatte der Burggraf Friedrich der Stadt die Wiese übereignet, auf dem das Heilig-Geist-Spital errichtet werden sollte. Der Stiftungsbrief des reichen Nürnberger Kaufmanns und Grundbesitzers (unter anderem des Zeidelgutes Pillenreuth) Konrad Groß datiert vom 13. Januar 1339. Andere private Stifter kamen hinzu, wie Herdegen Valzner und Georg Keyper, um nur zwei Namen zu nennen.

Der Rat der Reichsstadt Nürnberg zeigte für arme, kranke Personen eine besondere Fürsorge: Er ließ auch diese Personengruppe in den Genuss der Speisen mit teuren Gewürze kommen. Aus einer Quelle des 14. Jhs. geht hervor, dass „Sondersiechen" durchaus „geistliche und leibliche speise" erhielten. Sie bekamen „Würtze" zur Heilung von Krankheiten – freilich unter einer Bedingung: Sie mussten erst einmal zur Beichte in die Kirche gehen. Jede Woche mittwochs gab es also Pfeffer als Zugabe zur Absolution durch den Pfarrer.

Honig fürs Rührei

Zutat aus des Reiches Bienengarten

„Willst Du machen ein gutes Eiermus aus Eidottern, dann weiche Brot in gutem Wein ein und treibe es durch und tue Honig hinein. Tue es in einen kleinen Hafen, setze Kohlen auf, rühre es und wenn es dick wird, so gibt Salz und Schmalz hinzu." So riet es Peter Wagner 1485 in seinem Rezeptbuch. Süßes Rührei: Das ist in der Gegenwart eine eher ungewöhnliche Speise. Die Zutat Honig taucht allerdings in alten wie in modernen Rezeptbüchern in zahllosen Beispielen auf – schließlich gab es ihn in früheren Zeiten praktisch vor der Nürnberger Haustür. Zur Beschaffung brauchte es keinen Fernhandel. Im Gegenteil: Der Honig aus den Wäldern in der Umgebung war vielmehr ein Exportartikel.

Der Wald als Rohstofflieferant

In diversen alten Beschreibungen wurde der Reichswald um Nürnberg „des Heiligen Römischen Reiches Bienengarten" genannt. Die Bezeichnung taucht unter anderem in einer Urkunde aus dem Jahr 1391 auf. Anfangs lieferten Waldbienen, die sich gern in hohlen Bäumen niederließen, Honig sowie Wachs, das für Kerzen in den Kirchen und für Siegel benötigt wurde. Wie Rehe, Hasen und Wildschweine galten die Bienen als Wild, und wie dieses gehörten sie den Grundherren. Erst allmählich kam die gezielte Hausbienenzucht in glockenförmigen Strohkörben hinzu.

Höhlenmalereien in Spanien zeigen, dass es bereits unter den Steinzeitmenschen „Honigjäger" gab. „Die sich um die Biene kümmern" – also Imker – gab es nach erhalten gebliebenen Darstellungen bereits bei den alten Ägyptern. Um etwa 850 vor Beginn unserer

Zeitrechnung bezeichnete der griechische Dichter Homer den Honig als ein Geschenk Gottes. Der Legende nach wurde Göttervater Zeus nach seiner Geburt auf der Insel Kreta vom Honig der Bienen und der Milch einer Ziege ernährt.

„Bienenmänner" in Aktion

Ab dem 13. Jh. veränderten sich die Nutzungsrechte des Reichswalds immer wieder. Zeitweise waren dort an die 50 Güter von „Bienenmännern" zu finden, die die aufstrebende Stadt Nürnberg mit Honig versorgten. Nur sie durften die Honigwirtschaft betreiben. Man bezeichnete sie als Zeidler. Der Begriff leitet sich von dem lateinischen Wort „cidlarii" ab – es stand für den Vorgang, ein Produkt von einem Tier wegzuholen.

Die Familie Stromer (spätere Waldstromer) bekleidete im 12. Jh., nach anderen Angaben zumindest ab 1223 das Amt der Oberforstmeisters. Eine Urkunde von 1296 bezeugt die Ernennung eines Zeidelmeisters. Feucht bei Nürnberg war ab diesem Jahr das Zentrum der Zeidler und Sitz eines Zeidlergerichts mit einer eigenen Gerichtsordnung – Karl IV. bestätigte 1350 die Gerichtsbarkeit. Das Gericht trat 1779 das letzte Mal zusammen. Das Zeidelmuseum in Feucht knüpft noch in der Gegenwart an diese Tradition an.

Zu den Aufgaben der Zeidler gehörte es, den Kaiser mit ihren Armbrüsten zu begleiten, wenn er durch den Wald reiste – in den Abbildungen war jedenfalls die Armbrust ihr Erkennungszeichen. Sie diente dem Schutz des Herrschers und ermöglichte eine Art Kriegsdienst. Waffen zu tragen war den Zeidlern auch zur eigenen Verteidigung vor Wölfen und Bären – die Tiere waren zu jener Zeit zahlreich anzutreffen – in den Wäldern erlaubt. Das konnte auch böse enden: Eine Legende berichtet von einer groß angelegten Wolfsjagd im 17. Jh., die ein Burggraf Friedrich organisierte. Seine Söhne stießen auf den Sohn eines Sensenschmiedes, der sich zum Spielen ein Wolfsfell umgehängt hatte. Sie töteten den Buben. Kollegen des Sensenschmieds kamen hinzu und rissen ihrerseits aus Rache die Söhne des Burggrafen in Stücke.

Die Zeidler hatten dem Kaiser außerdem ein „Honiggeld" zu zahlen und den Wald zu pflegen. Die Position vererbte sich von Generation zu Generation.

Über den Umgang mit den Bienen gab das 1682 in Nürnberg gedruckte landwirtschaftliche Lehrbuch *Georgica curiosa* des österreichischen Landadeligen Wolf Helmhardt von Hohberg ausführlich Auskunft.

Emsige Arbeiter im Wald: Zeidler kümmerten sich um den Honig.

Im alten Rom war es üblich, dass Großgrundbesitzer eine eigene Imkerei unterhielten. Legendär ist das gebratene Spanferkel mit einer Füllung aus Honig und Wein in einem Mehlteig, das unter den Rezepten des römischen Spitzenkochs Apicius zu finden ist. Datteln in aufgekochtem Honig zu braten, empfahl jener als Süßspeise. Bei den Kelten und Germanen entstand aus dem süßen Stoff der Met als besonders geschätztes Getränk.

Forscher mutmaßen, dass „Honigschneider“, die im Nürnberger Raum Honig und Wachs sammelten, bereits vor der ersten urkundlichen Erwähnung der Stadt im Jahr 1050 in den umgebenden Mischwäldern ihrem Gewerbe nachgingen. Übrigens lag irgendwo in diesen weitläufigen Wäldern wahrscheinlich bereits im 7. und 8. Jh. ein alter Königshof mit dem Namen Botinga. Er wird von Forschern mit der heutigen Stadt Altdorf in Verbindung gebracht.

1331 unterstellte Kaiser Ludwig IV. der Bayer die Bewirtschaftung des Waldgebietes der Kontrolle der Stadt Nürnberg. In der entsprechenden Urkunde hieß es: „Des ersten, dasz alle amptleut, forster und zeidler auff beden wälden jedwederhalb der Pegnitz, wenn man die fordert, von des raths wegen zu Nürnberg, alle jar zu einem mal sollen kommen auff den rath, und zu den heiligen schweren zu behalten was dieselben burger zu rath werdent, dass dem reich und der statt gut und nütze sey und sollen auch raechen bey demselben eyde, was demselben wald schedlich sey … Auch sollen die obersten forstmaister sitzen, mit Jr selbst leibe, zu Nürmberg in der statt, wolten sie aber ausserhalb der statt sitzen, so sollen sie kein recht haben an dem wald, noch über die vorster unt dasz sie sedelhaft werden in der statt."

1350 gewährte Karl IV. den „getreuen Bürgern von Nürnberg die besondere Gnade, dass der Wald und der Forst, die beiderseits des Wassers der Pegnitz gelegen sind bei Nürnberg, es sei an Wasser, Weide, Holz, Fürreiten, Nutzung und mit allem Zubehör bei der Stadt zu Nürnberg ewiglich und ungehindert bleiben solle." Den Zeidlern im Reichswald wurde in einem getrennten Dokument das Privileg zur Ausübung ihres Gewerbes zugestanden. Dazu gehörte das Schlagen von Holz, „was er zu seinen Bienenkörben braucht". Das Privileg wurde über die Jahrzehnte hinweg immer wieder von den nachfolgenden Kaisern bestätigt. Mehrere überlieferte Dokumente zeigen, dass Karl IV. die „Hegung" des Reichswaldes um Nürnberg ein besonderes Anliegen war. Der Wald versorgte die Stadt nicht nur mit Bauholz, sondern auch mit dem Rohstoff für Gebäude aus Stein. Die Spuren von manchen der früheren Steinbrüche sind noch heute zu finden.

Man könnte Karl IV. Naturschutzgedanken unterstellen: Weil durch Versäumnisse der Förster die Wälder merklich „verderbt" waren, ordnete er 1358 an, dass auf Kosten Nürnbergs zwei „Bereiter" anzustellen seien. Sie sollten die Wälder „fleißig besehen" und nach allem Ausschau halten, was für die Wälder schädlich sein könnte. Im Original hieß es: „… dasz sie auf ihre kost zu beschirmung, hegung und heyung dervorgenannten wäldt … zween bereutter haben sollen und mögen, diesselbsen waelde bereiten und fleisziglich besehen an aller ihrer gelegenheit, was unsz und dem reich, derselben stadt zu Nuermberg daran schaedlich sey."

Karl hatte eine enge Beziehung zu Nürnberg. Sein lebensfroher Sohn, der spätere Kaiser Sigismund, wurde hier 1368 geboren und war zunächst mit Katharina, der Tochter des Burggrafen, verlobt. Aus der Verbindung wurde allerdings nichts – er heiratete stattdessen 1387 Maria von Ungarn und erwarb auf diese Weise die ungarische Krone.

Nach den zahlreich überlieferten Dokumenten zur Geschichte des Reichswalds trat die Familie Koler 1327 ihr Forstmeisteramt an die Stadt ab, 1396 verkauften Konrad und Sigmund Waldstromer ihr Amt für stolze 10.000 Gulden an die Stadtväter. Offenbar hielt auch Burggraf Friedrich VI. Rechte am Sebalder Forst, die er 1427 abtrat. Die Stadt verfügte nun über den gesamten Reichswald. Waldämter übten jetzt die Verwaltung aus.

Die Struktur des Waldes veränderte sich durch die starke Nutzung des Holzes und die Aufforstung. Ursprünglich handelte es sich

Der Endres auf Honigsuche

In der Sage hat er den Namen Endres. Die Mutter schickte den Buben zum Kaufmann, um Honig zu besorgen. Doch der war ausverkauft. Im Scherz sagte der Kaufmann zu ihm: „Wenn Du es eilig hast, musst Du durch den Wald zu den Zeidlern laufen, die haben immer viel von dem süßen Stoff." Endres nahm den Ratschlag ernst – der Wald reichte ja bis zur Stadtgrenze. So rannte der Bub los. Dass er bis nach Feucht gehen musste, um auf die Zeidler zu treffen, wusste er nicht. Der Wald wurde dichter und dichter, Endres riss sich die Hosen an Brombeerranken auf, stolperte über Wurzeln und schlug sich die Knie auf. Inzwischen machte sich die Mutter Sorgen. Vom Kaufmann erfuhr sie, dass der Bub in den Wald gelaufen war. Sie wandte sich an den Pfarrer von St. Lorenz. In diesem Moment begann der Mesner, die Glocken zu läuten, zum Angelusläuten – es war Zeit für das Abendgebet. Die Mutter beschwor den Pfarrer, weiter zu läuten, damit der Junge es höre und den Weg zurück finde. Der Pfarrer willigte ein und schickte den Mesnerjungen nach St. Sebald, damit dort das gleiche geschehe. Das allgemeine Läuten wirkte: Endres hörte es und fand zurück. Am Ende hatte er zwar keinen Honig gefunden, aber wieder seine Mutter.

um einen Kiefern-Birken-Eichen-Mischwald, doch immer mehr wurde daraus ein Kiefernwald – der klassische „Steckerlaswald".

Zucker erobert die Küchen

Auch für die Zeidler gingen die goldenen Zeiten vorbei. Als Süßstoff kam der Zucker in die Küchen, die Bienenzucht war nun nicht mehr so rentabel. 1483 lag der Wert eines Bienenvolkes noch bei drei Gulden, bis 1555 sank er auf weniger als einen Gulden. Zum Vergleich: In diesem Zeitraum blieb der Preis für eine Kuh stabil bei fünf Gulden. Der Wertverlust zerstörte die existenzielle Grundlage der Zeidler. 50 ihrer Güter gab es im Umkreis von Nürnberg noch zu Beginn des 16. Jhs. Gleichwohl stellt ein Universal-Lexikon aus dem Jahr 1838 fest, dass der um Nürnberg gewonnene Landhonig der beste von allen sei.

Bei dem Zucker, der in alten Rezeptbüchern erwähnt wurde, handelte es sich um Rohrzucker. Botaniker gehen davon aus, dass diese Pflanze ursprünglich aus Neuguinea stammt und sich dann über Südostasien und Indien in die arabische Welt und weiter in die Länder um das östliche Mittelmeer ausbreitete. Die Kreuzfahrer brachten den Rohrzucker wohl erstmals aus dem Orient in ihre europäischen Heimatländer mit. Sie bezeichneten die Pflanze als Honigschilf. Es handelte sich damals zweifellos um einen Luxusartikel. Heiler unterstellten dem Zucker medizinische Wirkungen – gegen Fieber, Reizhusten und Erkrankungen des Magens. Selbst bei Rezepten gegen die Pest war er häufig als eine der Zutaten zu finden.

Vom Ersten Kreuzzug (1096–1099) berichtete Albert von Aachen: „In den Feldern der Ebene bei Tripolis fand man auch reichlich ein Honigschilf das sie dort Zucra nennen. Die Leute saugten die Rohre mit Wonne aus, freuten sich über den wohltuenden Saft und konnten sich wegen seiner Süßigkeit an diesem Genusse gar nicht ersättigen." Manche Kreuzritter, z. B. die des Malteserordens, die sich in den eroberten Gebieten des Orients niederließen, unterhielten selber Zuckerrohrfelder und Mühlen und gewannen daraus süßen Saft. Bald wurde die Pflanze auch in den europäischen

Anrainergebieten des östlichen Mittelmeeres angebaut, z. B. auf Kreta, Zypern und Sizilien.

Der in Franken geborene Dichter Wolfram von Eschenbach erwähnte Zucker Anfang des 13. Jhs. in seinem Versroman *Parzifal*: Die „Weiber" hätten den Titelhelden wie Zucker „gegessen", sie seien auf ihn also im übertragenen Sinn geflogen wie auf den süßen Stoff.

Eine wichtige Rolle bei der weiteren Verbreitung des Zuckers spielte die 1382 gegründete Ravensburger Handelsgesellschaft, die auch in Nürnberg präsent war. Die Ravensburger unterhielten seit 1461 nahe Valencia eine eigene Zuckerfabrik. In jener Gegend wurde seit der Zeit maurischer Herrschaft Zuckerrohr angebaut. Für die Erlöse aus den Lieferungen kauften die Ravensburger in Nürnberg nach den alten Quellen Rüstungswaren ein – für solche war Nürnberg, wie erwähnt, zu jener Zeit ein europäisches Kompetenzzentrum. Alte Rechnungsbücher dokumentieren aber auch Einkäufe von Ingwer bis zu Kaninchenfellen. Um 1545 zog der Ravensburger Kaufmannssohn Franz Teschler an die Pegnitz, heiratete hier die Witwe Anna Koberger und erwarb auf diese Weise das Bürgerrecht in der Reichstadt.

Die Gebrüder Jacob und Wilhelm Grimm beschrieben Zucker in ihrem *Deutschen Wörterbuch* als das „süsze genusz- und nahrungsmittel vor allen anderen, mit dem man besonders kinder, frauen und hausthiere verzieht". Die Bezeichnung leite sich von dem arabischen Wort „sokkar" ab. Der Stoff war teuer und blieb den wohlhabenden Bürgern vorbehalten. Hans Sachs schrieb in seinen „Fastnachtsspielen": „Zucker, Mandl, Rosinen, Feigen / Ein Geschenk für Junker bleiben". Der exotische Stoff wurde freilich auch munter gestreckt und auf unterschiedliche Weise verfälscht. Einen Hinweis auf die Verfahren gibt ein *Nürnberger Wandelbuch* von 1450: Wer Zucker mit Weizen- oder Reismehl mischte und erwischt wurde, musste demnach mit einer Strafe von 20 Rheinischen Gulden rechnen.

Unter den Ausgaben im Haushaltsbuch des Anton Tucher in Nürnberg fällt für das Jahr 1507 ein Posten von drei Gulden für Zuckerhüte – der zeitgenössischen Verarbeitungsform – auf. Auch der Stadtbaumeister Paulus Behaim zahlte 1549 für zwei „Hut Canarizucker" vier Gulden. Die Transportwege waren lang, insbesondere, nachdem die Rohrzuckerpflanzen auch in der Neuen Welt eingeführt worden waren. Columbus soll Exemplare der Pflanzen auf seiner zweiten Reise 1493 über den Atlantik gebracht haben.

Der süße Zucker hatte allerdings auch eine bittere Seite: Grundlage für die Erntearbeiten auf den Plantagen auf den Karibikinseln war die Versklavung von Menschen, die im Lauf der Zeit millionenfach aus Afrika verschleppt wurden. Was Speisen und Getränke hierzulande süßte, war letztlich mit einem der dunkelsten Kapitel der Menschheitsgeschichte verbunden.

Unter den direkten Bezugsquellen Nürnbergs für Rohrzucker wird in alten Schriften Amsterdam erwähnt. Dort waren die Pflanzen zunächst von den Kanarischen Inseln importiert und verarbeitet worden. Der so genannte „Canarizucker“ war allerdings nur vorübergehend auf dem Markt und wurde bald vom karibischen ersetzt, der vor allem über England nach Europa gelangte. Auch die Plantagenbesitzer in Brasilien drängten mit der Zeit ins Geschäft.

Um 1550 war die Aufwertung des Stoffs trotz des hohen Preises zu einem verbreiteten Bestandteil von Speisen in vollem Gange. Bei Gastmählern durften kandierte, also mit Zucker überzogene Früchte nicht fehlen. Doch lange Zeit war er manchen weniger betuchten Leuten nicht nur zu teuer, sondern auch – weil fremd – nicht geheuer. In seinem „Zauberbuch“ *(Höllenzwang)*, das um 1508 erschien, empfahl Doktor Johannes Faustus denn auch, Rahm und Butter mit Zucker zu bestreuen, um feindselige Erdgeister zu beschwören. Auf der anderen Seite priesen etliche Autoren den Zucker als Heilmittel, das vorteilhafter als Honig sei.

Nürnberg wird in der Literatur Ende des 16. Jhs. auf der Liste der Städte mit einer eigenen „Zuckersiederei“ erwähnt. Die Branche florierte in der Reichsstadt. 1592 hieß es in einer Verordnung, die Zuckermacher „und andere gemeyne Wurtzelkrämer“ sollten „bey ihrem Thun und Handthierung bleiben und sich bey straff 10. Gulden alle purgirende und andere vermischte Sterck-Artzney von Grieben und Säfften deren descriptiones … den Apotheckern allein bekant seyn zu praepariren … gaentzlich enthalten.“

Bereits um 1500 ging in Nürnberg der Zuckermachermeister Hans Schreiner seinem Gewerbe nach. Im Bericht über ein Ge-

Kessel für die Plantagen

Eine Randbemerkung ist der Nürnberger Montanunternehmer Hans Tetzel wert: 1547 wanderte er nach Kuba aus, um mit der Genehmigung des Indienrates in Sevilla ein gerade entdecktes Kupfererzlager auszubeuten. Die Schmelzversuche waren erfolgreich, und zu den angebotenen Endprodukten gehörten Kupferkessel für die vor Ort boomenden, durch Sklaven betriebenen Rohrzuckerfabriken. Ein anderer Teil des Kupfers wurde ins spanische Mutterland verschifft, um dort zur Herstellung von Geschützen beizutragen. Der Nürnberger Hans Tetzel war damit Helfer im dunklen Kapitel der Ausbeutung verschleppter afrikanischer Menschen jenseits des Atlantiks.

richtsverfahren aus jener Zeit taucht als Opfer ein Zuckermacherlehrling auf. Auch wird darauf verwiesen, dass 1572 Herzog Julius von Braunschweig von der Stadt 1000 Zentner besten Zuckers forderte, um einen Streit zu beenden. 1597 übernahm der Zuckermacher Hans Eißner das in Gostenhof stehende Herrenhaus. Überliefert ist aus jener Zeit der Name des 1613 verstorbenen Nürnberger Zuckermachers Hannß Behaimb. Hundert Jahre später ist unter den Handwerkern der Zuckersieder Johann Georg Fuchs belegt, und 1604 taucht in alten Akten ein Zuckermacher namens Balthasar Winter auf.

Zucker und Zuckerhüte waren nicht nur für den eigenen Bedarf in der Stadt gedacht, sie gehörten auch mit auf die Liste der Waren, mit denen etliche der Kaufmannszüge beladen waren. Nürnberger Händler vertrieben beispielsweise für Hamburger Zuckermacher das Süßungsmittel bis nach Österreich. Es taucht auch auf der Liste der Exportwaren auf, die Nürnberger Kaufleute bis nach Venedig transportierten.

Ein neuer Süßstoff macht Geschichte

Um die Mitte des 18. Jhs. sorgte in Berlin der Chemiker und Apotheker Andreas Sigismund Markgraf – mit seinem Namen verbindet sich übrigens auch die Entdeckung des Zyankalis – für eine neuerliche Zäsur in der Geschichte der Süßstoffe: Er wies den Zuckergehalt in der heimischen Runkelrübe nach. Markgraf erkannte die Bedeutung des „süßen Salzes“ in der Pflanze, die bisher als Viehfutter diente. Er war aber an einer kommerziellen Nutzung dieses Wissens selber nicht interessiert. Etliche seiner Kollegen wurden dagegen auf den Vorgang aufmerksam.

1795 liefen in Dresden Versuche, aus der Pflanze süßen Sirup zu sieden. 1798 griff Markgrafs Schüler Franz Karl Achard das Wissen auf und stellte Friedrich Wilhelm III. Proben des Stoffs vor. Der preußische König war beeindruckt und setzte eine Untersuchungskommission ein, die den Nutzen der Erfindung bestätigte. Damit war die Grundlage für die industrielle Zuckerproduktion geschaffen, wie wir sie heute kennen. Zeitgenossen sprachen von einer Goldgrube. Achard selber starb hingegen in Armut im Jahr 1821.

Die Fertigung setzte sich zunächst nur langsam durch, nicht nur in Deutschland, sondern ebenso in Österreich und Frankreich. In Bayern wurde 1808 eine erste Konzession in Augsburg vergeben. Das Produkt, das dort aus den Runkelrüben gewonnen wurde, kam dem Jamaica-Rohzucker gleich und übertraf in seiner Qualität, besonders an Süße, den braunen St. Thomas-Zucker bei weitem – so hieß es damals in einem Bericht. Aber die Briten überschwemmten den Markt weiter mit dem billigeren Rohrzucker aus ihren Kolonial-

Kluge Köpfe: 1992 widmete die Deutsche Post Andreas Sigismund Marggraf, Franz Carl Achard und Carl Scheibler Briefmarken.

Eine Pflanze macht Geschichte: Die Runkelrübe oder Zuckerrübe war ab Mitte des 18. Jhs. Süßungsmittel.

gebieten in der Karibik. Die Arbeiter dort waren zwar als Nachkommen der aus Afrika verschleppten Sklaven inzwischen formal von diesem Status befreit, an den gnadenlosen Arbeitsbedingungen der Zuckerrohrschneider auf den Plantagen hatte sich allerdings kaum etwas geändert.

Erst ab der Mitte der 1880er-Jahre teilten sich beide Zuckerarten den europäischen Markt zu gleichen Teilen. Da war der Nürnberger Fabrikant Ludwig Friedrich Blumenröder mit seinem Unternehmen bereits gescheitert. In einem Zeitungsbericht über die Bayerische Industrieausstellung 1840 hieß es noch: „Rübenzucker in allen Formen hat Blumenröder in Nürnberg vorgelegt, dessen Fabrik leicht jetzt am meisten Rübenzucker in Bayern macht.“ Die 1836 gegründete Firma war einer der Pionierbetriebe zur Nutzung von Dampfkraft für die Maschinen in Bayern. 1841 erhielt Blumenröder dafür ein „Gewerbeprivilegium“ für eine Dauer von fünf Jahren. Die Beschaffung des Rohmaterials war kein Problem – der Anbau von Runkelrüben im Nürnberger Umland wurde schon um 1700 erwähnt. Schon im Jahr darauf musste jedoch das *Centralblatt des Landwirtschaftlichen Vereins in Bayern* vermelden, die Fabrik sei „ganz eingegangen“. Das Unternehmen war hoffnungslos überschuldet und wurde von einem Gläubiger nur noch für kurze Zeit weitergeführt.

Zwischen Malz und Runkelrüben

Keine Zukunft hatten hingegen Ideen, künstlichen Zucker herzustellen. Johann Carl Leuchs stellte in einer Schrift, die 1835 in Nürnberg gedruckt wurde, ein Verfahren vor. Unter anderem standen Kartoffelstärke und Malz auf der Zutatenliste. Eine Variante enthielt auch verdünnte Schwefelsäure. Der Autor gestand ein: So richtig süß wurde das Gebräu nicht.

Ein Jahr später veröffentlichte Leuchs Anleitungen zur Raffination des Zuckers aus Äpfeln, Ahorn, Mais, Milch, Pflaumen, Möhren und Süßholz, um nur einige Beispiele zu nennen. Auch Runkelrüben waren ihm bekannt. Den Angaben zufolge befassten sich neben Johann Carl Leuchs noch andere Zeitgenossen mit Versuchen zur Erzeugung künstlichen Zuckers.

Diese neue Art des Zuckers war trotz solcher Rückschläge und aller Widrigkeiten wie einer relativ hohen Besteuerung von einem Luxus- zu einem Allgemeingut geworden. In Bayern lag der Jahresverbrauch von Zucker 1836 bereits bei rund 2,5 Pfund pro Kopf, in Preußen sogar bei fünf Pfund.

Honig als Süßstoff für Speisen und Getränke war freilich nur das eine Produkt, das die Bienen den Menschen schenkten; Wachs war, wie schon erwähnt, das zweite. Als Beleuchtung für Burgen, Kirchen, Klöster und ganzer Städte gab es zu Kerzen lange Zeit keine Alternative. Rotschmiede aus Nürnberg lieferten zu diesem Zweck ihre kunstvollen Kerzenständer über ganz Europa hinweg. Aber auch auf diesem Gebiet sorgte am Ende eine Erfindung für eine Ersatzmöglichkeit: Strom konnte mehr Licht erzeugen als jede Kerze. Die Bienen im Reichswald büßten somit quasi einen weiteren Teil ihrer wirtschaftlichen Bedeutung für die Stadt ein.

Ochsen aus Ungarn

Fleisch für Reichstage und Turniere

„Ungarn gibt uns wilde Stier, dessen sich die Metzger freuen. Wann sie die zum Schlachthaus führ'n, hört man Brüllen, Bellen, Schreyen." So steht es im Text zu einer alten Radierung, die das „Fleischhaus zu Nürnberg" im Jahr 1700 abbildet. In den *Hausbüchern der Nürnberger Zwölfbrüderstiftungen* wird die Berufsbezeichnung „ochssen slaher" erstmals für einen Ott Plossel genannt, der 1455 starb. Im Bild eines anderen Schlachters mit dem Namen Wolff Hoffman, der bis 1569 lebte, ist ein angebundener Ochse zu sehen, der seiner Art nach als ein Auerochse aus Ungarn identifiziert werden kann.

Fränkische Fleischimporte bis aus Ungarn, die in Nürnberg geschlachtet wurden? Wie kam es dazu? Einen Hinweis liefert der Bericht über den Lebensmittelverbrauch bei einem Fürstentreffen im Jahr 1500 in der Reichsstadt: 3272 Pfund Rindfleisch wurden zu diesem Anlass verspeist. Das war eine ziemliche Menge.

Die Versorgung der Haushalte der Patrizier, der erfolgreichen ansässigen Handwerker und Fernhändler ebenso wie der Gäste in den Wirtshäusern mit Fleisch aus der Viehhaltung im Umland war anfangs nicht das Problem. Die Metzger zogen lange Zeit von Dorf zu Dorf, um von den Bauern Vieh aufzukaufen. Die wachsende Stadtbevölkerung führte jedoch zu einem zunehmenden Bedarf, der auf diese Weise nicht mehr zu decken war. Im nächsten Schritt brachten die Bauern ihr Vieh auf den städtischen Markt. Doch auch dieses System war für die Versorgung auf Dauer nicht ausreichend – der Fleischkonsum pro Kopf stieg über die Jahre hinweg ständig. „Zwischenmahlzeiten mit gesottenem und gebratenem Fleisch in den Wirtshäusern zählten auch beim einfachen Mann zum guten Ton", schrieb ein Chronist.

Reichstagsgäste wollen essen

Vor allem waren es jedoch Mega-Events wie das erwähnte Fürstentreffen, die eine Ergänzung zum regionalen Angebot notwendig machten. Was heute beispielsweise Fußballcup-Spiele oder Open-Air-Festivals als Anziehungspunkte für Besucher aus nah und fern sind, das waren zu früheren Zeiten Reichstage und Turniere. Es war jedes Mal eine immense logistische Herausforderung, um die nötigen Mengen an Essen und Getränken für die Teilnehmer und Schaulustigen zu beschaffen.

In Nürnberg lassen sich größere Fürstentreffen bis ins 12. Jh. zurückverfolgen. Unzählige Beispiele hielt der Nürnberger Ratsschreiber Johannes Müllner (1565–1634) für die Zeit ab 1220 fest. 1274 hielt der Habsburgerkönig Rudolf I. in Nürnberg einen Hoftag ab, „auf welchem die Fürsten in seltener Vollzähligkeit erschienen", ist in Müllners Chronik zu lesen. Der Wittelsbacher Ludwig IV. lud 1323 zu seinem ersten Reichstag nach Nürnberg ein – bis 1543 wurden solche Versammlungen 41-mal abgehalten.

Einer der wichtigsten Hoftage fand 1356 statt: In Nürnberg wurde unter dem gerade in Rom gekürten Kaiser Karl IV. der erste Teil der sogenannten Goldenen Bulle ausgehandelt und feierlich verkündet. Historiker sehen in den darin enthaltenen Erlassen das wichtigste Grundgesetz des deutschen Reiches. Ein zweiter Teil wurde auf einem weiteren Hoftag im selben Jahr in Metz hinzugefügt. In dem Dokument wurden insbesondere die Rechte der Fürsten und die Strukturen des Reiches festgehalten. Das alles galt im Prinzip bis zur Auflösung des Reiches im Jahr 1806.

Das Gedränge von Fürsten und Adeligen bei den Hoftagen war jedes Mal groß. Hinzu kamen städtische Gesandtschaften. Mit Gefolge überstieg die Zahl der Beteiligten und der Gäste in der Regel die Einwohnerzahl der gastgebenden Städte. Die Verpflegung eines unregelmäßig stattfindenden Andrangs von Besuchern aus allen Teilen des deutschen Reiches zu solchen Ereignissen konnte das Umland nur teilweise sichern. An einem Hoftag von Kaiser Friedrich Barbarossa 1184 in Mainz nahmen nach den Angaben der Chronisten rund 20.000 Ritter teil – mit Gefolge kamen dabei etwa

Quellen verschollen und unter Verschluss

Johannes Müllner (1565–1634) ist als Chronist der Stadtgeschichte allgemein anerkannt. Er konnte aus Quellen schöpfen, die heute als verschollen gelten. Seine Annalen wurden 1833 von Georg Wolfgang Karl Lochner bearbeitet und herausgegeben. Zu Lebzeiten Müllners war seine Arbeit der Öffentlichkeit allerdings nicht zugänglich: Der Stadtrat hielt die Annalen zunächst aus nicht nachvollziehbaren Gründen unter Verschluss. Immerhin fand man heraus, dass der Chronist für seine Arbeit vom Rat ein Honorar von 1000 Gulden kassieren konnte.

70.000 Personen zusammen. Eine Anekdote besagt, dass rund 50 fürstliche Herren zu Tode kamen, als 1284 auf der Nürnberger Burg unter der Last der Menschen der Boden eines Saals zusammenbrach. Als Kaiser Friedrich III. 1471 der Stadt einen Besuch abstattete, umfasste sein Tross rund 1500 Pferde.

Manche Reichstage zogen sich über Wochen, wenn nicht gar Monate hin – so wie jener, den Kaiser Friedrich III. 1487 einberief: Er dauerte von März bis Juli. Allein bei einem Festessen der anwesenden Fürsten wurden 20 unterschiedliche Speisen aufgetragen, ist in den alten Quellen nachzulesen. Ähnlich lang war der Reichstag von 1522/23, der ganz unter dem Eindruck der Reformationsbewegung stand: Die ersten Teilnehmer erschienen bereits im September 1522 in Nürnberg, die letzten reisten erst Mitte Februar 1523 wieder ab. Wegen der Überzahl geistlicher Herren sprachen Zeitgenossen von einem „Pfaffentag“. Während der genannten Zeit herrschte ein ständiges Kommen und Gehen der weltlichen wie der kirchlichen Fürsten bzw. ihrer Gesandten.

Mit Lanzen und im Harnisch

Bei Turnieren waren ebenfalls „alle Gassen voll mit Ritterspiel, mit stechen, rennen, fechten, turnieren“, hieß es in der Beschreibung eines solchen Events im Jahre 1361. Zeitgenossen sprachen von „Gestechen“ bzw. von einem „Spectaculum“. Turniervogte über-

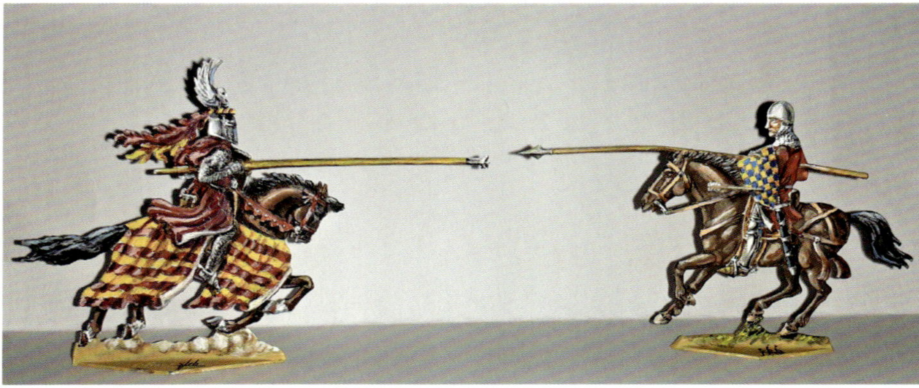

Lanze gegen Lanze: Turniere lockten Teilnehmer von weither nach Nürnberg.

wachten die Einhaltung der strengen Regeln. Es gab Einzel- ebenso wie Gruppenkämpfe. Zimperlich waren die Teilnehmer nicht, wenn sie mit Lanzen und im Harnisch gegeneinander ritten. Manche wurden „zu Tode gerennet", ist in alten Dokumenten nachzulesen.

Alte Chroniken verweisen auf ein zweitägiges Turnier im Jahr 1197 oder 1198 auf dem Marktplatz zu Nürnberg. Viele Historiker halten diese Veranstaltung zwar für eine Legende, aber die Angaben darüber waren wohl dennoch beispielhaft für ein Turnier. Auf der Gästeliste standen nach den Chroniken 49 Fürsten, Grafen und Freiherren. Man traf dort Herzog Ludwig von Bayern ebenso wie Herzog Heinrich zu Sachsen oder Markgraf Rudolf zu Baden. Insgesamt folgten nach dem *Turnierbuch* eines Georg Rüxner, das 1532 erschien, 620 „Helme" dem Aufruf zur Teilnahme, den Herolde in allen deutschen Ländern verbreitet hatten.

Sie kamen alle mit einem Riesentross an Bediensteten und deren Frauen im Gefolge. Je mehr Begleiter sie hatten, als desto angesehener galten die Fürsten und Ritter. Nach den Angaben im *Turnierbuch*, die sich auf „Futterzettel" beriefen, kam jeder Teilnehmer mit durchschnittlich zehn Pferden an. Das Treffen zog sich über insgesamt eine gute Woche hin. Die Tage endeten mit abendlichen Gelagen und Tanz. Insbesondere die unverheirateten Frauen traten in einem Schaulaufen in den schönsten Kleidern auf, die sie mitgebracht hatten – denn diese Treffen hatten nicht zuletzt die Funktion eines Heiratsmarktes für die Oberschicht. Das Turnierbuch beziffert die Zahl der „schön geschmückten Frauen und Jungfrauen, allesamt von Adel", die 1198 in Nürnberg an diesem Begleitprogramm teilnahmen, auf 148.

Kein Zweifel besteht an der Historizität eines Turniers anlässlich des Reichtags von Rudolf von Habsburg im November 1290. Dabei wurde der älteste, noch kinderlose Sohn Herzog Ludwigs II. von Bayern, der 23-jährige Ludwig Elegans, tödlich verletzt.

Die Turniere erreichten im 15. Jh. ihren Höhepunkt. Dokumentiert ist ein Turnier aus Anlass der Fastnacht 1454, um das Markgraf Achilles zu Ansbach nach der Beilegung einer Fehde mit den Nürnbergern gebeten hatte. An diesem Spektakel sollen etliche Ratsmitglieder teilgenommen haben. 1482 brachten die Teilnehmer eines Turniers insgesamt 4262 Pferde mit. Mensch und Tier waren zu beherbergen und zu versorgen.

Erhalten geblieben sind ferner unter anderem Darstellungen eines Turniers von 1491 in Nürnberg. Dabei trat gegen den König und späteren Kaiser Maximilian beispielsweise ein Schenck Christoph von Lüneburg an. Nach den Zeichnungen von damals endete das Turnier mit einem allgemeinen Hauen und Stechen zwischen

Fleisch von Rindern, Hühnern, Hasen

3272 Pfund Rindfleisch, 2666 Pfund Kalbfleisch, 1185 Pfund Schweinefleisch, 375 Pfund Lammfleisch, 109 Masthähne, 826 Hühner, 836 andere Vögel, 36 Rebhühner, 44 Hasen, sieben Enten, 47 Eichhörnchen und tausende von Fischen – das stand auf der Einkaufsliste eines Treffens der Fürsten und ihrer Gefolge um 1500. Dabei wurden immerhin 218 Eimer Frankenwein und 300 Liter Wein aus Istrien getrunken. Gemüse gab es hingegen in geringerer Menge: Unter anderem vier Tonnen Weißkraut. Zur Zubereitung der Mahlzeiten wurden 1002 Pfund Schmalz verwendet, zum Würzen unter anderem 8,5 Pfund Safran, 14 Pfund Ingwer, vier Pfund Gewürznelken, zweieinhalb Pfund Zimt, drei Pfund Kümmel und acht Pfund Kapern.

nicht namentlich genannten Höflingen. Und stets gab es anschließend Tanz.

Die Verpflegung solcher Events – in Nürnberg wie auch andernorts – kam aus einem weiten Einzugsbereich. Eine alte Chronik berichtet: „1479 hat der Adel zu Würzburg ein Turnier gehalten. Der Bischof hat dem (Nürnberger) Rat geschrieben, seine Bäcker und Fleischhacker anzuweisen, Brot und Fleisch zu feilem Verkauf nach Würzburg zu führen." Gemüse lieferten die Gehöfte der Bauern in den Dörfern des Knoblauchlandes im Umland Nürnbergs zur Genüge. Der Wein lagerte in Kellern, die Gewürze waren Tagesgeschäft. Fische schwammen hinreichend in den Gewässern, vor allem den Teichen – deren gab es damals in viel größerer Zahl als heute. Wild – auch die genannten Rebhühner und Hasen – gab es in den Wäldern des Umlandes ebenfalls in ausreichender Menge. Es wurde von den „Rehschießern", wie man die Jäger nannte, im Rahmen der territorialen Grenzen geliefert. Natürlich waren umherschweifende Wölfe und Bären in den Wäldern eine Gefahr, die es offenbar zu bekämpfen galt: Eine Stadtrechnung von 1388 lässt darauf schließen, dass innerhalb von nur drei Monaten etwa zwei Dutzend erschlagene Wölfe abgeliefert wurden.

Fleischimport im großen Stil

Das Problem war das Rindfleisch. Wie DNA-Untersuchungen zeigen, begann die Geschichte der Domestizierung von Auerochsen zur Fleischgewinnung wohl ursprünglich im Nahen Osten. Schnell verbreitete sich die Herdenhaltung in ganz Europa. So konnten die hohen Herren zur Zeit des Mittelalters und des Hochmittelalters reichliche Mengen an Rindfleisch erwarten.

Die regulären Bestände an Schlachtvieh der Bauern aus dem Nürnberger Umland, das zum Rindermarkt vor dem Frauentor (dem heutigen Bahnhofsplatz) getrieben wurde, konnten nicht ausreichen, um die Nachfrage der rasant wachsenden Stadt zu decken – zumal Dürreperioden sowie Krankheiten immer wieder die Herden dezimierten. „Heiße Sommer" verdarben bisweilen die „Fütterung",

Viel Fleisch auf vier Beinen: Ochsen kamen aus weiter Ferne.

ist in alten Chroniken zu lesen. Überschwemmungen forderten immer wieder Opfer unter Mensch und Tier. Einer der ältesten erwähnten Vorfälle solcher Art ereignete sich 1162, als die Wasser „neben unzehlich viel Vieh, viel Tausend Menschen ums Leben gebracht". Die Wälder, die Nürnberg umgaben, begrenzten zudem die dauerhaften Möglichkeiten zur Ausweitung von Weideland. Der Bedarf musste also durch Zutrieb ergänzt werden.

Die Lösung aus der „Viehnot" brachte ein transeuropäischer Ochsenhandel. Die Tiere aus Ungarn wurden zu einem wichtigen Faktor der Fleischversorgung in Mitteleuropa. Es gab verschiedene Routen für die Trecks. Die wichtigste, von der Nürnberg profitierte, führte von Ungarn aus über Wien entlang der Donau. Zugleich lieferte Ungarn über Villach und Venedig seine Ochsen bis nach Oberitalien. In Ungarn gab es nur eine geringe Bevölkerungsdichte, aber genügend Weideflächen, auf denen sogenannte Steppenrinder gezüchtet wurden. Diese Tiere waren größer als z. B. die süddeutschen. Seit dem 14. Jh. sind die Trecks nach Süddeutschland durch alte Dokumente belegt. Erstmals ausführlich aufbereitet wurde die Erscheinung auf dem 7. Internationalen Kongress für Wirtschaftsgeschichte 1978 in Edinburgh. Als wichtigster Forscher ist Wolf-

Ein mittelalterliches Rätsel

Den Ochsen wurde in der mittelalterlichen Reichsstadt viel Aufmerksamkeit geschenkt – es landeten dort ja viele zur Verpflegung der Gäste. So steht im Lehrbuch zur „Deutschen Arithmetika“ von Michael Stifel, 1545 in Nürnberg gedruckt, folgendes Rätsel: „Es sind drey Ochsentreiber, und hat ein jeder für sich selbs eygne Ochsen kaufft. Spricht der Erst zum anderen: Wenn unser gesell (der drit) noch sovil Ochsen hat, als er hat, und noch darzu 206 ochsen, und noch darzu sovil als wir beyde zusamen haben, so hette er 4 mal sovil als wir beyde zusamen haben. Sprach der Ander zum dritten: Wenn unser gesell (der erst) noch sovil ochsen het, als er hat, und noch darzu 206 ochsen, und noch darzu sovil wir beide zusamen haben, so hette er 5 mal sovil als wir beyde zusamen haben. Spricht der Drit zum ersten: Wenn unser gesell (der ander) noch sovil ochsen hette, als er hat, und noch darzu 206 ochsen. Und noch darzu sovil wir beide zusamen haben, so hette er 6 mal sovil als wir beide zusamen haben. Wie vil hat yeder ochsen gehabt?“

Der Erst hat 37 Ochsen, der Ander 47 Ochsen und der Drit 23 Ochsen gehabt.

gang von Stromer zu nennen, der dem Thema jahrelange Archivarbeit widmete.

Reisende bewunderten bereits im 12. Jh. diese Tiere. Ihr Fleisch hatte höchste Qualität. Um 1450 entfielen auf die Ausfuhr von Vieh mehr als 87 Prozent der Gesamtexporte Ungarns. In der Forschung in Österreich wird auf Basis alter Zollregister davon ausgegangen, dass z. B. in den Jahren von 1570 bis 1590 jährlich zwischen 150.000 und 200.000 Ochsen über die Grenze von Ungarn getrieben wurden. Doch Österreich war nur Durchzugsgebiet. Wolfgang von Stromer schätzt die Zahl der Ochsen, die von den Zuchtgebieten in die Industrieregionen getrieben wurden, bis zum Dreißigjährigen Krieg auf jährlich 400.000. Die Züge waren in jedem Fall eine frühe Erscheinung der Globalisierung in der Wirtschaft.

Eine Schrift aus dem Jahr 1518 gibt an, dass von Ungarn aus „ganz Deutschland mit Fleisch gespeist“ wurde – darunter eben auch Nürnberg. Allerdings ist zu beachten, dass der Begriff Ungarn sich nicht mit den modernen Staatsgrenzen deckt. Der Name stand vielmehr für ein Einzugsgebiet, das bis in die Ebenen des heutigen Rumäniens und Bulgariens reichte. Trecks führten über den Wiener Raum, nördlich oder südlich entlang der Donau über Straubing bis nach Regensburg. Von hier ging es weiter nach Westen. Weiden in der Gegend von Hersbruck an der Pegnitz lagen vermutlich an einer der Routen.

Die organisierten Trecks gingen wohl erstmals im 13. Jh. auf die lange Reise. Es drängt sich der Vergleich mit den Viehtrieben der „Cowboys“ in der späteren Geschichte Nordamerikas und Australiens auf. Die Züchter und Halter der Herden in Ungarn werden in der Literatur als Kleinadelige bezeichnet. Sie exportierten das Vieh auf den „Ochsenwegen“ einerseits in Richtung Venedig, andererseits eben nach Mitteleuropa. Die in Ungarn gezüchtete Rasse von Grauochsen hatte mit 350 bis 500 Kilogramm die Kondition für die sehr weite Reise. Im Extremfall waren es 1500 und mehr Kilometer. Trecks aus Ungarn erreichten entfernte Städte wie Straßburg, Frankfurt und Köln. Einer der nächstgelegenen Ochsenmärkte von Nürnberg aus gesehen war die Bischofsresidenz in Bamberg. Die Trecks garantierten in den Konsumzentren – nicht nur in der Reichsstadt Nürnberg – die Verpflegung, vor allem eben bei den mittelalterlichen Mega-Events.

Augsburg ist in Süddeutschland als ein weiterer wichtiger Ziel- und Durchgangsort zu nenne. Auch dort gab es immer wieder Hof- und Reichstage. In kleineren Orten, die keine Großveranstaltung beherbergten, war ungarisches Ochsenfleisch gleichermaßen hoch geschätzt. Es galt als eine seltene, aber von Feinschmeckern begehrte Delikatesse.

Der Ochsenauftrieb war im Grunde nur aus heutiger Sicht sensationell, denn im Mittelalter waren etliche Tierherden über große Entfernungen unterwegs. So verbot Kaiser Karl IV. 1347 das Treiben flämischer Schafe in die Reichswälder um Nürnberg beiderseits der Pegnitz. Andere Quellen sprechen von Schweineherden aus Böhmen, die durch das heutige Mittelfranken gebracht wurden.

Aktiv am Ochsengeschäft beteiligt

Kaufleute aus Nürnberg waren am Ochsenhandel intensiv beteiligt. 1336 gewährte der ungarische König ihnen sowie den Prager Kaufleuten weitreichende Handelsprivilegien. Von Nürnberger Seite aus handelte der Gesandte Wolfram Stromeir den Deal aus. Wolfgang von Stromer geht aufgrund seiner Forschungen davon aus, dass das mitteleuropäische Ochsengeschäft vorwiegend über Nürnberg abgewickelt wurde – wenn auch zum Teil nur im Wege der Verrechnung mit Waren wie beispielsweise Tuchballen. Später kamen wohl Waffen hinzu.

Zu Anfang des 14. Jhs. taucht im Zusammenhang mit dem Ungarnhandel der Name der Holzschuher-Dynastie auf. Das Handlungsbuch des Nürnbergers Holzschuher von 1305 als eines des ältesten Kaufmannsbücher überhaupt dokumentiert einen Ankauf von ungarischen Ochsenhäuten. 1358 war der Nürnberger Kaufmann und Bergwerksbesitzer Berthold Holzschuher als Finanzier an einem Ochseneinkauf in Ungarn maßgeblich beteiligt. Das ergibt sich aus der erhalten gebliebenen Schuldurkunde eines Herrn Meusel aus Straubing über 500 Gulden und eines Fritz Ogan über 300 Gulden. Die Begleichung der Schulden an Holzschuher sollte durch die Ochsen erfolgen, die die Genannten „zu Ofen kauft heten" (Ofen ist die alte deutsche Bezeichnung von Buda, einem Teil des heutigen Budapest). Das Geschäft stand vermutlich in Zusammenhang mit einem in Nürnberg 1358 stattfindenden Reichstag. Frankfurter Gesandte schrieben darüber nach Hause, der Kaiser habe zu diesem Anlass „viele große Ochsen" bestellt.

In den 1370er-Jahren handelte die in Nürnberg ansässige Gesellschaft der Kreß und Rummel nachweislich mit Ochsen aus Ungarn. Sie waren die großen Ochsenbarone ihrer Zeit. 1388 zahlten die Kreß ihre Partner, die Rummel, aus – mit der enormen Summe von 19 664 Gulden. Heute entspricht das einem Millionenvermögen.

In der Ahnentafel der Kreß und Rummel erscheint die mit ihnen verwandte Familie Kepf, die ebenfalls ein Vermögen durch den Ochsenhandel aufgehäuft haben soll. Familiäre Verbindungen gab es außerdem mit den Hirschvogel, deren Beziehungen bis nach Wien reichten. Der Name Ulrich Haller taucht in diesem Zusammenhang auf, ebenso die Familie Thumer. In den 1420er-Jahren waren nach den Recherchen Stromers drei Nürnberger Tuchgroßhändler mit zusammen 900 Gulden am Ochsengeschäft eines gewissen Konrad von Weinsberg beteiligt.

Auf der Spur von Ochsenkapitänen

Der Fernhandel mit Ochsen wurde von berittenen Treibern – halbnomadischen Haiduken – zwischen Mai und Oktober abseits der normalen Verkehrswege durchgeführt. Pro 20 Tiere wurde jeweils ein Treiber benötigt. Sogenannte Ochsenkapitäne führten die Mannschaften an. Das Vieh wurde von Handelsagenten geordert und auf Routen donauaufwärts oder über eine mährisch-böhmische Route getrieben. Schätzungen zufolge legte eine Herde im Durchschnitt jeden Tag eine Strecke von 20 bis 30 Kilometern zurück. Ein einzelner Tross setzte sich aus mehreren hundert Rindern zusammen. Sogar die Zahl von 1000 Ochsen wird in alten Beschreibungen angegeben.

Die genauen Triebtrassen änderten sich von Jahr zu Jahr, denn der Viehtrieb sorgte für Konflikte mit den Besitzern der Ländereien, die die Tiere durchzogen, und mit den ansässigen Bauern. An manchen Stellen entstand auf bis zu 100 Metern Breite ein Flurschaden.

Viele Flurnamen zeugen noch heute von der Rolle als Weidegebiet. Die Ochsenau (heute ein Naturschutzgebiet) bei Landshut war für lange Zeit so ein Weideplatz. Regensburg war für die Trecks zwar nicht der einzige, aber ein wichtiger Übergang über die Donau. Die Stadt war ebenfalls Schauplatz von Reichstagen und hatte in diesen Jahren selbst einen entsprechend höheren Fleischbedarf als andere Städte.

An Nachschub mangelte es jedenfalls nicht. Nach Schätzungen wurden in der ungarischen Tiefebene bis von Siebenbürgen und der Schwarzmeerküste hin im 16. Jh. jährlich rund bis zu drei Millionen Rinder gehalten.

Der Wirtschaftszweig des Ochsenhandels war ein lukratives Geschäft, mit dem sich ein Vermögen verdienen ließ – wenn auch der Profit nicht ganz so hoch war wie beim Handel mit Gewürzen. Die Transportkosten waren im Vergleich zu anderen Waren gering: Das Fleisch transportierte sich quasi auf vier Beinen selbst. Nach einer Aufzählung der Speisen bei einer fürstlichen Hochzeit 1475 ergaben 340 ungarische Ochsen, die innerhalb einer Woche geschlachtet und verzehrt wurden, nach heutigen Gewichtseinheiten rund 2,5 Zentner Rindfleisch pro Tier.

Ende des 15. Jhs. dürfte der Kaufpreis eines Ochsen vor Ort in Ungarn bei etwa zwei Gulden gelegen haben. Die Kosten auf dem

Geschichte in Stein festgehalten: Das Ochsenportal an der Fleischbrücke wurde 1599 errichtet.

Weg nach Nürnberg addierten sich einschließlich des Lohns für die Treiber pro Ochse auf schätzungsweise einen weiteren Gulden. Über die unterwegs zu zahlenden Zölle sind manche Kontroversen überliefert, aber über insgesamt drei Gulden pro Ochse ging die notwendige Investition nicht hinaus. Überlieferte Angaben von Zollstationen schwanken zwischen einem und zehn Pfennigen pro Ochse (bei 240 Pfennigen pro Gulden). Der erzielbare Verkaufspreis in Nürnberg erreichte 15 bis 17 Gulden.

An den Bestimmungsorten wurde das Importvieh erst einmal auf speziellen Weiden „geparkt" und nach der langen Reise aufgemästet, bis die Schlachtung erfolgte. Nach den Worten eines Chronisten ließen „Nürnbergs Handelsleute" im 15. Jh. „zum öfteren" Vieh aus Ungarn kommen. Normalerweise fand der Treck einmal im Frühjahr und ein weiteres Mal im September statt.

Kriegerische Ereignisse brachten das Geschäft natürlich immer wieder vorübergehend zum Erliegen. Als Papst Calixtus III. 1456 zum Kreuzzug gegen die Türken aufrief, sammelten sich auch in

Nürnberg mit Unterstützung des Stadtrats zwischen 1300 und 1400 Mann mit Büchsen, Armbrüsten und „Mordäxten“ unter der Fahne der Stadt. Über Regensburg zog der Tross nach Wien und schließlich nach Ungarn. In der Schlacht von Belgrad – damals Ungarns „Vormauer“ – im Juli 1456 prallte das christliche Heer mit 60.000 Mann gegen die osmanischen Truppen, die erst einmal wieder vertrieben werden konnten. Das brachte das Ochsengeschäft zum Erliegen. Die Händler importierten vorübergehend Ochsen aus Polen. Nach der Eroberung großer Teile Ungarns durch die Heere des Osmanischen Reiches 1526 und dem Vormarsch der Türken gegen Wien war der Import des Viehs aus Ungarn wieder unterbrochen.

Aus dem frühen 16. Jh. sind Quellen erhalten, die Nürnbergs zentrale Rolle im süddeutschen Ochsengeschäft noch einmal unzweifelhaft dokumentieren: Viehaufkäufer kamen bis von den Städten am Rhein. In Nürnberg selbst saßen – wie anfangs Holzschuher – die kapitalkräftigen Kaufleute. In den Quellen taucht ein Linhart Kobolt auf, der aus Ulm nach Nürnberg gezogen war und zwischen 1532 und 1536 hunderte von Ochsen aus dem europäischen Osten antreiben ließ. Hans Krauß, seit 1546 Metzgermeister, und Endres Schurger, der 1577 das Bürgerrecht erhielt, galten zeitweise als wichtigste Akteure des Nürnberger Viehhandels mit Ungarn. Noch etliche weitere Namen von hiesigen Ochsenhändlern sind aus jener Zeit überliefert: Hans Kerlin, Peter Miessel, Benedikt Munch, Hans Guetteter und Jobst Schilling. In Zolldokumenten tauchen ferner Wilhelm Weidel, Sebastian Wolff, Jakob Mayer, Gabriel Tetzel und Friedrich Schmalz auf. Eine Verbindung zu den traditionellen Patrizierfamilien, die vor allem durch den Gewürzhandel zu Vermögen gekommen waren, ist nur in wenigen Fällen erkennbar. Kapital stellte offenbar teilweise das aus Florenz stammende, dann aber in Nürnberg angesiedelte Bank- und Handelshaus Torisani zur Verfügung. Endres und Lukas Torisani waren Abkömmlinge der Familie, die im 16. Jh. in Nürnberger Dokumenten nachgewiesen sind.

Auch die Familie Kreß trat wieder in Erscheinung. Zu jener Zeit taucht der Nürnberger Stadtrat selbst als Käufer von Ochsen aus der Ferne auf. Noch 1529 verhandelten Stadtvertreter durch Vermittlung des Ratsherrn Christoph Kreß über den Ankauf von 1000 Ochsen, die im folgenden Frühjahr zugetrieben werden sollten – die lange „Lieferzeit“ über Wochen hinweg erforderte stets eine längerfristige Planung. Grundlage für das Geschäft war ein vereinbarter Preis von fünf Pfennigen pro Pfund Schlachtgewicht und ein Vorschuss von 1500 bis 2000 Gulden. Die Stadt kümmerte sich durch Pachtzahlungen um Weideflächen im Gebiet des umliegenden Reichswalds.

1532 wurde ein städtisches Ochsenamt eingerichtet. Damit war die Stadt endgültig offiziell mit im Geschäft, doch der Stadtrat hatte freilich schon zuvor bei einem Handel mitgemischt. Aus dem Jahr 1493 datiert das erste städtische Darlehen an Metzger über 1500 Gulden, das dem Ankauf von Ochsen diente. Das neue Amt war von nun an für die ausreichende Fleischversorgung der Stadt verantwortlich und subventionierte mittels einer Viehkasse den Viehankauf. Die Stadt löste damit weitgehend die meisten privaten Investoren als Finanziers im Ochsenhandel ab. Als erster Amtmann wurde nach den vorhandenen Dokumenten der Kaufmann Martin Franz vereidigt.

Dokumente aus dem Jahr 1570 weisen dennoch den Nürnberger Händler Jörg Geßwein als privaten Besitzer von sieben Herden mit zusammen 1039 Tieren aus. Den Antrieb kleinerer Herden finanzierten in jenem Jahr Geßweins Landsleute Tiedterich Grass und Wolff Geidinger. Aus dem Jahre 1574 datiert eine Quelle, nach der ein Konsortium von insgesamt 18 Metzgern vom Nürnberger Ochsenamt einen Kredit über 4000 Gulden bekam, um 600 Ochsen aus Ungarn importieren zu können. Der Jahresumsatz im Ochsenhandel dürfte in jener Zeit in Nürnberg eine Größenordnung von rund 100.000 Gulden erreicht haben. Das 1599 errichtete Ochsenportal an der Fleischbrücke in Nürnberg erinnert an das Geschäft.

Die Ochsenlieferungen setzten sich lange Zeit fort. Allerdings wechselten über die Jahre hinweg immer wieder die Akteure. Aus dem Jahr 1622 ist eine Quelle datiert, die von der Schlachtung einer größeren Zahl ungarischer Ochsen in Nürnberg berichtet. Damals herrschte in der Stadt ein „allgemeiner Notstand“.

An den Zielorten der Ochsentrecks war nicht nur das Fleisch begehrt. Etliche Nürnberger Handwerker profitierten von den Nebenprodukten, die von den geschlachteten Tieren gewonnen werden

Kredite für den Ochsenhandel

Ochsen und Kredite gehörten zu den Geschäftszweigen der Gesellschaft, die die Familien der Viatis und Peller gründeten. Martin Peller kam um 1575 aus Radolfzell nach Nürnberg, der Ahnherr der Viatis mit dem Vornamen Bartholomäus war 1552 als Handelslehrling von Venedig nach Nürnberg eingewandert. Neben Kredit- und Wechselgeschäften gehörten Rüstungsgeschäfte zu ihrer Spezialität. Biografen bezeichnen die Gesellschaft als das wohl reichste Handelsunternehmen seiner Zeit.

Am 20. Januar 1625 lieh dieses Handelshaus 13.200 Taler dem Nürnberger Bürger Hans Kraus, der 1800 Ochsen kaufen wollte. Der Betrag sollte innerhalb von fünf Jahren zurückgezahlt werden, doch Kraus geriet offenbar in Verzug. Eine Mautrechnung aus Linz nennt 1627 die Zahl von 1658 Ochsen des Hans Kraus, die zwischen Juni und September in 12 Herden das Stadtgebiet an der Donau passierten. Dazu kamen kleinere Herden im Besitz der Nürnberger Händler mit den Namen Leonhardt Pesl und Paulus Rumpler.

konnten. Sie waren dadurch in der Lage, ihre starke Stellung in der bürgerlichen Gesellschaft abzusichern.

Die Haut wurde durch die Arbeit der Weißgerber zu Leder, das im nächsten Schritt der Verarbeitungskette den Schuhmachern, Sattlern und anderen Handwerkern als Rohmaterial zur Verfügung stand. Därme nutzten die Metzger als die üblichen Wursthäute.

Die Hörner wurden von den Kammmachern mit ihren Sägen weiterverarbeitet. Haare wurden zu Filz, die Knochen zu Dünger. Beim Aufhängen von Kirchenglocken schworen viele Gießer auf Riemen aus der Haut ungarischer Ochsen. Dass der Bedarf an solchen Nebenprodukten groß war, zeigt ein Dokument über einen Disput aus der Zeit, als die Ochsentrecks schon Geschichte waren: Dabei ging es 1773 um den Erlös von 15.000 Ochsenhornspitzen, die Nürnberger Händler in Ungarn gekauft hatten.

„Unschlitt“ als begehrte Ware

Besonders gefragt war der „Unschlitt“, der zu Seife, Talg für Leuchten und Wagenschmiere für die Kaufmannszüge sowie Salben und

Einst eine begehrte Ware: Ein Platz ist nach wie vor dem Unschlitt gewidmet.

als Material zur Abdichtung verarbeitet wurde. Der Begriff fasst alle fetthaltigen Teile insbesondere von Rindern und Schafen zusammen, die nicht zum Verspeisen oder zur Lederproduktion verwendet werden konnten. In Burgen und Haushalten von Patriziern sorgten die Kerzen für Licht und Wärme.

Die Metzger waren zunächst dazu verpflichtet, die Hälfte dieses Abfalls beim städtischen Unschlittamt abzuliefern. Schließlich übernahm die Stadt die Talgproduktion vollständig. In Nürnberg zeugt das Unschlitthaus noch heute von dieser Geschichte – seit 1562 war hier diese städtische Monopolbehörde zusammen mit dem Ochsenamt untergebracht. Überwacht wurde der Betrieb von einem amtlich bestellten Unschlittschauer.

Der Unschlitt wurde in kupfernen Schmelzkesseln verarbeitet und durfte zeitweise nicht nach auswärts verkauft werden. Das Handwerk innerhalb der Stadtmauern hatte genügend Bedarf an dem Stoff, und die Häuser waren bei der Beleuchtung nach wie vor auf die Kerzen angewiesen. Zum Jahresende 1630 erreichte die Menge des gewonnenen Unschlitts einen Rekord von 7000 Zentnern. Einige der Endprodukte ergänzten dann wohl das Sortiment, das die Kaufleute beim Fernhandel mit sich führten.

Niedergang des Ochsenhandels

Die Lieferungen von Ochsen aus Ungarn hatten noch zu Anfang des 19. Jhs. einen beträchtlichen Umfang. In Martin von Schwartners 1809 in Ofen erschienenen *Statistik des Königreichs Ungern* ist zu lesen: „Die auffallend schöne, weißgraue Farbe, den hohen Wuchs, und die minder dumme Physiognomie des ungarischen Ochsen, rühmen alle Geographen und Reisebeschreibungen, und das Zeugnis des Wiener Publicums über die Schmackhaftigkeit seines Fleisches ist ebenso alt als es noch jetzt einstimmig und unverwerflich ist. Die breiten Steppen … sind die Heimath dieses für Ungern und das südliche Deutschland, für den Landmann, den Viehhändler, den Kammeralisten, den Handwerker und Consumenten endlich, in so vielfacher Hinsicht nützlichen Thieres, für welches, wenn die Commerztabellen richtig sind, in einem Zeitraum von 10 Jahren (1777–1786), nachdem für die innere Consumtion schon hinlänglich gesorgt war, Ungern vom Auslande noch an die 30 Millionen, und in dem einzigen Friedensjahre 1802 5.736.887 baare Gulden einnahm."

Veränderungen in der heimischen Rinderzucht machten mit der Zeit den Ochsentrieb über weite Entfernungen überflüssig. Nach einer 1822 veröffentlichten Schätzung erhöhte sich der Bestand an Rindern in Bayern bis zu diesem Jahr auf rund zwei Millionen. Der Bestand an Graurindern schrumpfte bis zur zweiten Hälfte des 20. Jhs. sogar in Ungarn selber drastisch. Außerdem wurden die territorialen Grenzen weniger durchlässig und dadurch die Trecks erschwert. Letztlich waren auch die Konsumgewohnheiten der Verbraucher nicht mehr die gleichen. Die Vielfalt an Fleisch war so groß wie nie zuvor.

Wirtshäuser in allen Gassen

Gastlichkeit in großer Dichte

Am Anfang gab es wohl allenfalls Käse und Brot in den ersten Nürnberger Weinschenken – im April 1404 waren davon 92 in Betrieb. Die Wirte durften den „Trinkleuten“ laut städtischer Verordnung immerhin eben Käse und Brot, „aber keine Suppe“ anbieten. Richtig zu essen bekamen die Gäste dort also zunächst nicht, während in den Küchen der Privathäuser von Patrizierfamilien nach den vorhandenen Rezeptbüchern üppige Mahlzeiten zubereitet wurden.

Am Anfang simple Garküchen

Welches Wirtshaus das erste in Nürnberg war, lässt sich nicht mehr mit Bestimmtheit sagen. Durch die Vernichtung älterer Dokumente im Verlauf des Handwerkeraufstandes von 1348/49 gingen auch die Unterlagen über mögliche in der Zeit davor ausgestellte Konzessionen und Schankrechte verloren. Zu den Anfängen der Gastronomiegeschichte Nürnbergs gehören jedenfalls die Garküchen im Sebalder Kirchhof. Zwischen 1317 und 1344 eröffneten nach den erhalten gebliebenen Dokumenten mehrere dieser Betriebe. Nach einer alten Chronik geht das *Bratwurstglöcklein* auf eine dieser Garküchen zurück. Den Namen erhielt es allerdings erst später. Es wird vermutet, dass dieses Wirtshaus einst das Stammlokal des Dichters Hans Sachs und seiner Kollegen, der Meistersinger, war, wenn sie nicht gerade in der Singschule übten.

Ins 14. Jh. datiert eine *Rundschau in Nürnbergs sozialer Welt*, 1835 erschienen, die Ursprünge des *Bärleinhuters*. Das Wirtsschild zeigte nach der Beschreibung einen kleinen, aufrecht stehenden

Aus einer Garküche gewachsen: Das Bratwurstglöckleinstand an der Sebalduskirche.

Bären mit einem Hut auf dem Kopf. Der *Bärleinhuter* sei einst eine sehr gefeierte und gut besuchte Weinwirtschaft gewesen, heißt es in dem Büchlein.

Herbergen für Übernachtungen gab es wohl früher als die Bewirtungsstätten. Mit dem genannten Hoftag von 1274 verbinden sich zwei Anekdoten, in denen erstmals – namentlich nicht genannte – Wirtsleute eine Rolle spielten: Der eine Wirt wurde überführt, das Geld eines Gasts – eines Kaufmanns – unterschlagen zu haben. Der andere Wirt war der Vater eines Mädchens, das von einem Diener des Kaisers gegen ihren Willen geschwängert wurde. Darüber sei das Volk sehr entrüstet gewesen. Das „Geschrei" endete erst, als der Kaiser die zwei verheiraten ließ und ihnen 200 Mark Silber als Einstand in die Ehe übergab.

Wirts- bzw. Gasthäuser erfüllten in der Geschichte stets drei Funktionen: Sie waren zum einen Schauplatz ungezwungener städtischer Geselligkeit, zum anderen Orte des Informationsaustausches und schließlich Raststätte für fremde Reisende. Die ältesten Zeugnisse für solche Häuser stammen aus Mesopotamien – und sind gut 2500 Jahre alt. Auch bei den alten Römern spielten Tavernen und

Gastlichkeit seit frühen Zeiten

Wann – unabhängig von dauerhaften Wirtshäusern – erstmals Gäste im Nürnberger Raum verköstigt wurden, verbleibt im Dunkel der Geschichte. Wann erste Siedler hierher kamen, wissen wir schon gar nicht. Das älteste erhalten gebliebene Dokument, in dem Nürnberg erwähnt wird, stammt bekanntlich aus dem Jahr 1050 – Anlass war ein Hoftag, in dessen Verlauf eine Magd namens Sigena durch Kaiser Heinrich III. aus der Leibeigenschaft entlassen wurde. Der Ort muss damals bereits das Marktrecht, eine burgähnliche Festung auf dem Sandsteinfelsen nicht weit von der Pegnitz entfernt und einen Königshof gehabt haben, der über die Infrastruktur zur Abhaltung eines solchen Hoftages verfügte. Bei diesem Treffen musste schließlich eine größere Zahl von Teilnehmern verpflegt werden können. Über diesen Hoftag sind in keiner anderen Quelle Informationen zu finden.

Bereits 250 Jahre vor der Freilassung der Sigena lebte in der Gegend von Nürnberg nach der Überlieferung der 1425 heiliggesprochene Eremit Sebaldus. In alten, allerdings umstrittenen Dokumenten stößt man auf einen Alhart, Graf von Babenberg, einen „berümbten Kriegesman", der vor seinem Tod 819 als Lehensherr über Nürnberg gewirkt haben soll. Im 10. Jh. soll sich nach anderen Quellen Otto I., der 936 zum König und 963 zum Kaiser gekrönt wurde, mehrmals in Nürnberg aufgehalten und hier während einer seiner Besuche an einer Christmesse teilgenommen haben. Archäologen fanden Spuren, nach denen schon vor 3000 Jahren im heutigen Knoblauchsland eine geregelte Landwirtschaft florierte. Kraftshof war wohl seit dem Jahr 1000 nach Rodungen bebaut, „Megelendorf", der heutige Nürnberger Stadtteil Mögeldorf, wurde erstmals 1025 erwähnt. Bei den Bauarbeiten zum neuen IHK-Gebäude an der Waaggasse in Nürnberg wurden im März 2016 Siedlungsspuren gefunden, die bis ins 9. Jh. zurückreichen. Wie kamen die dort gefundenen Töpferwaren in die heutige Nürnberger Altstadt?

Garküchen eine wichtige Rolle für die Versorgung der städtischen Bevölkerung und zugereister Personen.

Mit dem Aufschwung der Städte im Mittelalter und der Frühen Neuzeit als Folge des Bevölkerungswachstums und der zunehmenden Mobilität der Menschen wuchs der Bedarf an solchen Örtlichkeiten auch nördlich der Alpen. Weil er in einer erhalten gebliebenen Urkunde aus dem Jahr 803 erwähnt wird, erhebt der Stiftskeller

Reisende wurden gut verköstigt: Das garantierten Wirte wie Jorg Starcz.

St. Peter in Salzburg den Anspruch, das älteste Wirtshaus Mitteleuropas zu sein.

Gäste brauchten freilich überall einen Übernachtungsplatz. Trotz ihrer Burgen waren Ritter, aber auch Könige ständig unterwegs. Vor allem die Letzteren ritten mit vielen Begleitern durch ihre Lande. Sie waren gern gesehene Gäste vornehmer Haushalte, doch für ihre Knappen war dort nicht auch noch Platz. König bzw. Kaiser Ludwig der Bayer (1314–1347) kam insgesamt 40 Mal nach Nürnberg. Er wohnte dann bei den Haller, Ebner, Weigel oder Groß. Doch wo schliefen und speisten seine Mannen? Natürlich zu einem großen Teil in Herbergen.

Getränke und Speisen bekamen sicherlich schon vor 1500 in Nürnberg Gäste nicht nur im *Bratwurstglöcklein* (heute Standort des *Bratwursthäusle*), sondern auch im *Goldenen Posthorn*, im *Wirtshaus zu den Drei Rosen* (heute das *Bratwurst Röslein*) und im *Goldenen Stern* geboten. Es gibt manche dieser Gaststätten noch heute, andere nicht mehr. In einzelnen Fällen hat sich im Laufe der Zeit der Name geändert.

In welchem Haus ab wann die Möglichkeit zu einer Übernachtung angeboten wurde, lässt sich schwer feststellen. Auch Quellen zu den Beherbergungspreisen sind selten. Ein rares Beispiel sind die Aufzeichnungen eines Frankfurter „Handlungsdieners", der um 1478 bei einem längeren Aufenthalt in einer Nürnberger Herberge pro Woche, die er bei seinem Wirt „gesessen" sei, einen Gulden ausgab.

Die *Goldene Gans* fiel 1365 als eines von 14 Häusern einer Feuersbrunst zum Opfer. Der Name taucht gleichwohl später wieder auf. Das *Wirtshaus zum goldenen Ring* am Weinmarkt wurde 1491 abgebrochen, um die Straße zum Markt zu verbreitern. Es war wohl ohnehin baufällig. Der *Wilde Mann,* ebenfalls am Weinmarkt, fand 1489 in den Gerichtsakten Erwähnung: Die „Hausdirn" des Wirtes wurde damals wegen eines Diebstahls mit dem Brandeisen gezeichnet. 1543 starb als wohl letzter Wirt dieses Gasthauses ein Joachim Klaiber. Das Gebäude musste danach einem Neubau weichen.

Keiner bestimmten Gaststätte lässt sich der Wirt Jorg Starcz zuordnen, der in den *Hausbüchern der Nürnberger Zwölfbrüderstiftungen* abgebildet ist und am 24. Januar 1470 starb. Die Zeichnung

War Nürnberg einst ein „Raubnest"?

Über den Ursprung Nürnbergs gebe es „beynahe so viel Meinungen ... wie man Kirchtürme siehet, wenn man Nürnberg von aussen anschauet. Diese können nun unmöglich alle wahr und richtig angenommen" werden – so schrieb es ein Johann Heinrich von Falckenstein in seiner Beschreibung der Stadt Nürnberg, die 1750 in Erfurt erschien. Manches ist tatsächlich obskur: Falckenstein tippte auf den Zuzug von Norikern, die im 10. Jh. vor Hunnen aus ihrer Heimat geflohen seien. Wenig schmeichelhaft ist seine Unterstellung, dass dieses *Castrum Noricum* auf dem Burgfelsen zunächst ein „Raubnest" gewesen sei.

zeigt ihn bei der Bewirtung seiner Gäste, die offensichtlich ein Huhn zum Essen bestellt hatten. Sie haben Stiefel mit Sporen an den Füßen, sind also zu Pferd angereist. Das Messer, das einer in der Hand hält, war sicherlich sein eigenes – Bestecke zum Zerkleinern von Fleischspeisen waren persönliche Dinge und wurden von den Wirten nicht ausgelegt.

1551 wurde eine Garküche an der Ecke beim Barfüßer-Kloster abgebrochen. Andererseits wurde 1569 eine Garküche „am Eck des Lorenzer Grabens gegen der großen Waage" errichtet, wie der Chronist Johann Christian Siebenkees in einer 1794 veröffentlichten Chronik zu berichten wusste.

Spätestens seit 1511 lud der *Goldene Zirkel* und seit 1521 der *Rote Ochse* Gäste ein. Der päpstliche Vertreter beim Reichstag im Jahr 1524 nahm Herberge im *Goldenen Kranz*. Auf jeden Fall treten vor 1700 in den erhalten gebliebenen Dokumenten weitere Häusernamen wie das *Weiße Lamm*, das *Weiße Ross*, der *Goldene Elefant*, der *Goldene Engel*, der *Weiße Engel* sowie *Zum Geier* auf – wobei nicht unbedingt immer auf einen umfassenden Bewirtungsbetrieb geschlossen werden kann.

Unter besonderer städtischer Aufsicht stand die sogenannte *Herrentrinkstube* im Rathaus, die erstmals in Dokumenten aus dem Jahr 1495 erwähnt wurde. Der Besuch war den „ehrbaren", ratsfähigen Honoratioren der Stadt vorbehalten. Handwerker und Kaufleute waren ausdrücklich ausgeschlossen. Als Wirt wurde 1498 Gabriel Gastelsdorffer angestellt.

Soldaten nicht willkommen

Zur Zeit des Dreißigjährigen Krieges (1618–1648) kreuzten sich in Nürnberg die Routen vieler Parteien und waren die Wirtshäuser stark frequentierte Treffpunkte. In einem Dokument drückte 1624 der Stadtrat sein Missfallen aus, dass „in diesen gefährlichen Zeiten" viele fremde Soldaten und „herrenlose Personen" in großer Zahl in der Stadt, in den benachbarten Vorstädten Wöhrd und Gostenhof, den umliegenden Gärten, Flecken und Dörfern sich „eingeschlaicht" hätten und auch in den Gasthöfen, Herbergen, Wein- und Bierhäusern „einlägen". Das führe nicht zuletzt zur Einschleppung von allerlei Krankheiten und Infektionen.

So verordnete der Stadtrat unter anderem, dass fremde Soldaten und andere ausländische Personen keinen Unterschlupf in den Häusern, Gärten, Gasthöfen, Garküchen mehr bekommen sollten. Kein Fremder sollte länger als drei Tage lang beherbergt werden. Ein Jahr später ermahnte der Stadtrat die Bürger zu einem bescheidenen Lebenswandel. Tanzen, Trommeln und Pfeifen sollten auf den Gassen und in den Wirtsstuben unterbleiben, bis bessere Zeiten kämen.

1642 erneuerte der Stadtrat die Bestimmung. Kein Einwohner sollte Reisende aufnehmen, „sondern diese in die offne Gasthöf weisen". Diese hätten „ein stattliche Vorraht von Victualien, Wein, Habern, Hew, Betthgewand und andern dergleichen". Ausdrücklich weist der Text auf die hohen Kosten der Wirte zum Unterhalt ihrer Häuser und Bezahlung ihres Gesindes hin – „zu geschweigen in was Gefahr sie Fewershalben sitzen". Die so begünstigten Wirte sollten jeden Abend Meldezettel von den Gästen bei der Obrigkeit abliefern. Wer dies versäumte, dem drohte eine Strafe von 50 Gulden.

Zwischen Goldenem Löwen und Goldenem Stern

Eine Zählung um das Jahr 1630 ergab in Nürnberg die beachtliche Zahl von 227 Wirtshäusern und Schenken – bei rund 40.000 Einwohnern. Da gab es den *Goldenen Löwen* in der Burgstraße, den Wirt zu den *Sieben Türmen*, den *Schwarzen Bock* und den *Goldenen*

Auf einer langen Namensliste: Erasmus Omeiß war einer von vielen Gastwirten in Nürnberg.

Stern, das *Goldene Rad* und den Gasthof *Zur Schranke*. In Gostenhof fand man das *Gasthaus zum Mondschein*. Offene Rechnungen für „Zehrungen" hinterließ die Herrschaft zu Limpurg beim Wirt *Zum Bitterholz*. Daraus wurde viel später der *Bayerische Hof*. In den *Hausbüchern der Nürnberger Zwölfbrüderstiftungen* sind im 17. Jh. die Namen der Gastwirte Andreas Mader, Hanns Thomas Schmidt, Erasmus Omeiß und Hannß Philipp Klantzschnig festgehalten.

Viele Gasthausnamen sind in alten Verkaufsurkunden zu finden. Besitzerwechsel gab es offenbar häufig. Der *Goldene Löwe* in der Burgstraße wurde 1633 für 2700 Gulden verkauft. Der Betrag lässt sich nicht seriös in heutige Währung umrechnen, nach der Kaufkraft entspricht das jedoch sicherlich einem sechsstelligen Eurobetrag. Der *Grüne Baum* am Tiergärtnertor, schon 1694 in einem Kupferstich erwähnt, bekam 1707 für 2500 Gulden einen neuen Wirt, und der *Rote Hahn* am Kornmarkt kam 1721 für 4700 Gulden unter eine neue Leitung. Im Verkaufspreis waren in vielen Fällen Stallungen für die Pferde der anreisenden Gäste inbegriffen. Kutschen für Passagiere kamen ab dem 17. Jh. auf. Für sie wurden Stellplätze gebraucht. Als übliches und viel schnelleres Reisemittel für den Personenverkehr blieben jedoch die Reitpferde der Standard. Sie brauchten keine befestigten Wege.

Man findet die Namen der Wirte und der Wirtshäuser alter Zeiten in Dokumenten, die gar nichts mit der Gastronomie zu tun haben – z. B. in der *Verneuten Feuer-Ordnung* des Nürnberger Stadtrats aus dem Jahr 1616. Feuersbrünste waren der Schrecken der städtischen Bewohner im Mittelalter und in der Frühen Neuzeit. Die Häuser waren größtenteils aus Holz und standen dicht beieinander. Wächter auf den Türmen der Stadt mussten ständig nach Rauch ausschauen. Brände wurden in vielen Fällen von Krämern verursacht oder von Handwerkern, die Pfannen mit glühenden Kohlen über Nacht in ihren Verkaufsstätten bzw. Werkstätten zurückließen. Man kochte auf offenem Feuer und bediente sich auf nächtlichen Wegen durch die Stadt einfacher Fackeln. Wenn Feuer ausbrach, so sprang es schnell auf die Nachbarschaft über, und die Hilfsmittel zum Löschen waren bescheiden. Straßburg beispielsweise ging im 14. Jh. acht Mal in Flammen auf. Erst 1655 konstruierte der Nürnberger Zirkelschmied Johann Hautsch – Biografen bezeichneten ihn als den Daniel Düsentrieb seiner Zeit – eine Feuerspritze, die einen gleichbleibenden, kontinuierlichen Wasserstrahl erzeugen konnte.

Es kam im Brandfall also darauf an, wie schnell die in der Stadt anwesenden Fuhrleute mit ihren Wagen Leitern, Eimer, Spritzen, Hacken und – als Lichtquellen – Fackeln einsammeln und durch die engen Gassen zur Brandstelle dirigieren konnten. Löschwasser gab es nicht nur aus der Pegnitz, die an vielen Stellen verbaut war, sondern auch aus dem Fischbach, der im Mittelalter noch offen durch die Lorenzer Seite der Stadt floss. Die besagte *Feuer-Ordnung* listete nun also auf, wer über „Zeug" zum Löschen verfügte, das eingesetzt werden konnte. Darunter waren vor allem Eimer und „Spritzen". Heinrich Haußner, der Wirt vom *Roten Rößlein*, verfügte über zwölf Eimer und zwei Spritzen. Christoff Lobenhofer, Wirt des *Roten*

Ungeld für die Stadtkasse

Für den Betrieb eines Wirtshauses waren Konzessionsscheine nötig, die anfangs vom sogenannten Pfänderamt und später vom „Ungeldamt" ausgestellt wurden. Zu einigen Zeiten war die Eröffnung neuer Schenkstätten auch in den Vorstädten der Nähe von Nürnberg untersagt – so weit der Arm der Obrigkeit in der Reichsstadt eben reichte.

Das Ungeldamt sammelte generell die fälligen Abgaben ein. Es war die Steuerbehörde jener Zeit. Die Verbrauchssteuern auf die ausgeschenkten Getränke waren im 14. und 15. Jh. mit bis zu 50 Prozent eine der wichtigen Einnahmequellen der Stadt. Der mit der Eintreibung beauftragte „Ungelder" war einer der angesehensten Angestellten.

Die Steuerpflicht der Bürger war einfach geregelt. Eine Verordnung von 1431 besagte: Wer 1000 Gulden und mehr besitzt, solle vier Gulden an die Stadtkasse abgeben. Unterhalb dieser Grenze waren die Sätze gestaffelt. Für 300 bis 500 Gulden Vermögen waren zwei Gulden fällig. Noch zwei Schillinge waren für den Besitz von bis zu 50 Gulden abzuführen. Unabhängig davon gab es eine eigene Judensteuer – die freilich nicht an die Stadt, sondern an den Kaiser ging. Dieser profitierte zudem vor allem von einer Stadtsteuer, die Nürnberg aus seinen Einnahmen zu zahlen hatte.

Ochsen, hatte 20 Eimer und zwei Spritzen. Über die gleiche Menge verfügte der Wirt der *Goldenen Gans*. Genannt werden unter anderem der *Wirt auf der Füll*, sowie die Höfmännin, *Wirtin in der Äußeren Lauffergassen*. Zum Löschen waren unter der Anleitung von „Feuerherren" arbeitsteilig die Vertreter einer ganzen Reihe von Handwerkszweigen verpflichtet. Dafür gab es eine Bezahlung nach festen Tarifen. Immerhin kamen im genannten Jahr 3031 Eimer und 140 Leitern zusammen.

Im Gegensatz zu den Kaufmanns- und manchen Handwerkerfamilien gelang es Wirtshausbetreibern wohl selten, in die höchste Besteuerungsgruppe zu gelangen. Über die Preise für Getränke und Speisen gibt es nur sporadische Angaben. Nach einer Chronik war beispielsweise 1542 in Nürnberg ein „Fleischmahl von drei guten Gerichten und ziemlichem Getränk" für 36 Pfennige zu haben, und die Stallmiete für das Pferd des Reisenden lag bei 8 Pfennigen. 1622 kostete eine ausgiebige Mahlzeit mit Bier und Wein einen Gulden, eine bescheidenere Fuhrmannsmahlzeit 45 und die Stallmiete acht Kreuzer.

Viele Wege kreuzen sich

Die ausgeprägte Wirtshaustradition und -dichte in Nürnberg kam nicht von ungefähr. In der Reichsstadt kreuzten sich dank der günstigen geographischen Lage und einer hohen Zahl von Zollprivilegien etliche Wege des Fernhandels. Viele Reisende legten in Nürnberg einfach einen Zwischenstopp ein. Eine hohe Mobilität war trotz der – mit der heutigen Zeit verglichen – bescheidenen Verkehrsmittel und dürftigen Infrastruktur der Straßen ein Kennzeichen des Mittelalters und der Frühen Neuzeit. Man war zu Fuß oder zu Pferd unterwegs, Fürsten und vor allem deren weibliche Begleiter saßen vorzugsweise in Kutschen. Kaufmannszüge hatten in der Regel ein Geleit von Reitern. Die Kutschen kamen oft nur im Schritttempo vorwärts, denn vor allem bei schlechtem Wetter war der Zustand der Wege erbärmlich. Wie viel Zeit man für eine Reise brauchte, das spielte keine so große Rolle wie heute.

Eine viel genutzte Handelsroute: Die Goldene Straße verband Nürnberg mit Prag.

Die Reisenden, die nach Nürnberg kamen, waren neben adeligen oder kirchlichen Herrschaften und Kaufleuten auch Handwerker, Postkuriere oder Pilger. Es gab einen dichten Boten- und Gesandtenverkehr nach, von und durch Nürnberg. Durch das Land zogen zudem immer wieder Anwerber von Soldaten für einen der häufigen Kriege. Eine Anordnung des Nürnberger Rates aus dem Jahr 1563 verbot den Bürgern, Bürgersöhnen, Dienstleuten und Untertanen der Stadt und den Vorstädten ausdrücklich, sich zu einem Kriegsdienst anwerben zu lassen.

Zu den Stammkunden in den Wirtshäusern gehörten außerdem die angestellten Fuhrleute von außerhalb, die ihre Fracht nach Nürnberg gebracht hatten. Nicht zu unterschätzen ist zudem die Zahl auswärtiger Kunden der Nürnberger Handwerker. Die Stadt war im Hochmittelalter ein Kompetenzzentrum auf mehreren Gebieten: Der Bogen reicht von astronomischen Geräten über militärische Ausrüstungen bis zu Musikinstrumenten. Viele Handwerker lebten von Auftragsarbeiten auswärtiger Käufer, die ihre Bestellungen nicht blind aus der Ferne aufgeben wollten. Wie heute ein potenzieller Autokäufer das neue Fahrzeugmodell, so wollte damals ein Kunde ein Gerät doch erst einmal vom Hersteller gezeigt und persönlich erklärt bekommen. Wie man beispielsweise ein Astrolabium zu benutzen hatte, das ließ sich schwer in einer Schrift erklären.

Nürnberger Harnischmachern und Lieferanten von Kettenhemden rannten im 15. und 16. Jh. die Kunden sprichwörtlich die Bude ein. Kriegerische Auseinandersetzungen waren damals schließlich Teil des Alltags. Einen ersten Durchbruch erzielten die Nürnberger 1363, als Kaiser Karl IV. mehr als 1800 Harnische bestellte – intensive Verhandlungen waren dem Abschluss vorausgegangen.

Die Beispiele aus den verschiedenen Handwerkszweigen sind unendlich: Wie klang etwa das neue Musikinstrument, das Johann Christoph Denner um 1700 in seiner Werkstatt erfand? „Das Clarinett“ (die Klarinette) nannte er es, doch Kunden wollten es natürlich erst einmal hören.

Die wenigsten Besucher der Stadt hatten Bekannte oder Verwandte, bei denen sie privat kostenlos logieren konnten. Durchreisende Handwerksgesellen hatten sich in bestimmten Herbergen einzuquartieren, die für die einzelnen Berufe vorgesehen waren. Es gab eine solche Zuordnung, auch wenn in Nürnberg kein Zunftsystem bestand. Das schränkte die Werbung der Wirte um Gäste ein. Eine Anordnung des Nürnberger Stadtrates aus dem Jahr 1702 sah vor, dass Wirte, die durchfahrenden Gesellen unberechtigterweise „Zehrung“ gaben, 25 Gulden Strafe zu zahlen hatten.

An den Routen der Handelszüge luden „Fuhrmannsgasthöfe“ zur Rast ein. Als um 1700 immer mehr Fuhrleute bei Bauern im umgebenden Knoblauchsland logierten, beschweren sich die Nürnberger Wirtsleute beim städtischen Zoll- und Waagamt.

Fliegende Händler und Vagabunden zogen ebenfalls von Stadt zu Stadt. Sie hatten allerdings kaum das Geld zur Einkehr. Die älteste Nürnberger Bettelordnung stammt wohl aus dem Jahr 1370. Wer ein „Bettelzeichen“ hatte, eine Marke aus Metall, hatte mit diesem „Ausweis“ quasi die Lizenz, um Almosen zu bitten – das war ein anerkannter Broterwerb. Ein Problem war aus der Sicht der

Gastlichkeit für Studenten

Bisweilen mögen sich in den Wirtsstuben Studenten der Nürnberger Universität aufgehalten haben. Deren Sitz war allerdings nicht in der Stadt selbst, sondern in Altdorf. Die „Altdorfina" ging ursprünglich aus dem Gymnasium von St. Egidien hervor. Sie wurde 1575 zunächst als Akademie eingeweiht und erlangte 1622 formell den Status einer Universität. Nürnberg war damit neben Straßburg die einzige Reichsstadt, die über eine solche Einrichtung verfügte. Sie hatte eine theologische, juristische, medizinische und philosophische Fakultät. Studenten stammten nicht nur aus deutschen Städten, sondern aus so gut wie allen europäischen Ländern. Die Universität in Altdorf bestand bis zur Eingliederung der Reichsstadt Nürnberg in das Königreich Bayern zu Anfang des 19. Jhs.

Schon zuvor zogen Nürnberger Bildungsstätten Schüler von auswärts an. Ein Beispiel war die Rechenschule des 1491 verstorbenen Mathematikers Ulrich Wagner. Die Einrichtung brachte ihm ein Vermögen ein, das ihm 1489 den Kauf eines Hauses ermöglichte. Insbesondere profitierte der Kaufmannsnachwuchs von dem vermittelten Wissen. Albrecht Dürer verfasste dann 1525 in Nürnberg sein wegweisendes Geometriebuch *Underweysung der Messung mit dem Zirckel unn Richtscheyt …*

Stadtoberen jedoch der zunehmende Zuzug neuer Bettler. Wie groß ihre Zahl war, zeigte sich, als 1492 rund 1300 „fremde" Bettler aus Nürnberg verwiesen wurden. Eine Verordnung von 1684 verbot den Wirten, verdächtige Personen, Bettler, müßige Streuner und schädliches, herrenloses Gesindel in der Stadt zu beherbergen. Jeder Gast war auf einem „Nacht-Zettel" zu melden. Zu verschiedenen Zeiten verordneten die Stadtoberen andererseits Almosenordnungen als Instrument gegen das „Gassenbetteln".

Zu Zeiten von Reichstagen, Kurfürstentagen und Turnieren boomte das Geschäft der Nürnberger Wirte besonders. Hochkonjunktur hatten die Wirtshäuser während des Friedenskongresses nach dem Ende des Dreißigjährigen Krieges. Der Kongress dauerte vom Mai 1649 bis zum Juli 1650. Der Krieg hatte von 1618 bis 1648 in weiten Teilen Europas gewütet, bis ihn der Westfälische Friede beendete. Auch die Reichsstadt Nürnberg hatte darunter gelitten, und das Umland war Schauplatz von Kämpfen gewesen.

Höhepunkt des Kongresses war zweifelsohne ein Friedensmahl im großen Rathaussaal und an anderen Örtlichkeiten in Nürnberg. Offiziell nahmen 150 Abgesandte daran teil, und jeder hatte natürlich einen großen Tross von Begleitern. Nach dem Bericht eines Zeitzeugen wurden beim Hauptmahl fünf Gänge aufgetischt, bei jedem seien 150 verschiedene Speisen aufgetragen worden. Die „armen Leute" wurden mit bedacht: Für sie wurden zwei Ochsen geschlachtet. Zum Abschluss gab es ein allgemeines Volksfest mit großem Feuerwerk. „Die Nürnberger dürften während des Kongresses mehr Kanonendonner gehört haben als im Krieg", heißt es in einem Bericht.

Der Rat der Stadt sah sich zu jener Zeit wieder einmal genötigt, eine Höchstpreisverordnung zu erlassen. „Sollten etliche vornehme Herren an einem Tisch oder an einer Tafel zusammensitzen, so darf

Fünf Gänge zum Friedensmahl

„... bestund der erste Gang in köstlichen Suppen, Ollipodriden (= ein spanisches Gericht) und allerhand gekochten Speisen. Der ander Gang ist gewesen von Gebratten, Vögeln, Wildpret etc. der dritte von allerhand Fischen etc. Der vierte von Pasteten und Gebackenem, und seynd in jedem Gang 150 Speisen, so alle aufs herrlichste zugericht, aufgetragen worden. Der fünfte Gang ist bestanden in Gartenfrüchten, welche zum Theil in silbernen Schüsseln, zum Theil an lebendigen Bäumen, mit welchen die ganze Fürstentafel übersezt, gehangen.

Zwischen diesen Laubwerken sind gestanden etliche Rauchberg, die einen sehr guten Geruch von sich gegeben, dergleichen Herrlichkeit man nicht bald wird gesehen haben. Hierauf hat man das Oberblat der Fürstentafel stückweis abgenommen; und ist solche mit Tellern und Servietten, wie auch mit allerhand Zucker eingemachten Blumen überstreut, wiederumb bereitet gewesen. Darauf ist gefolgt der sechste Gang, bestehend in Zuckerwerck, Confect, und 2 sehr grossen Marzepanen, auf 2 sehr hohen Marzepan-Schaalen, deren jede bey 20 Mark Silber schweher, diese wie auch fast alle andre Trachten, in welchen 12 Köch ihr Meisterstück sehen lassen, seind mit schönen Blumwerk geziert, und auf das prächtigste anzuschauen gewesen."

(Aus: Georg Ernst Waldau, Vermischte Beiträge zur Geschichte der Stadt Nürnberg, Bd. 2, 1787)

Versöhnung nach 30 Jahren Krieg: Die Fürsten trafen sich zum „Friedensmahl“ in Nürnberg.

ihnen nicht über eineinhalb Taler abverlangt werden“, hieß es darin. Das Gefolge der Fürsten konnte sich in Garküchen versorgen, die zu dieser Zeit an den Einfallstraßen am Inneren Laufer Tor und am Frauentor betrieben wurden.

Der Zustrom „fremder Standespersonen“ erklärt sich zudem aus der Rolle Nürnbergs als Pilgerstadt. Der hl. Sebald, der um das Jahr 800 als Einsiedler in den Wäldern im Umkreis der Stadt gelebt haben soll und dem wahrscheinlich in der ersten Hälfte des 13. Jhs. erstmals eine Kirche gewidmet wurde, hatte eigentlich eher lokale Bedeutung. Da ihm jedoch die Heilung von Kranken nachgesagt wurde, kamen dennoch viele Pilger zu dieser Kirche. Nach ihr sollte der eine Stadtteil rechts der Pegnitz, nach der Kirche St. Lorenz – benannt nach dem hl. Laurentius – der andere Stadtteil links der Pegnitz benannt werden.

Nürnberg war darüber hinaus ein Sammelpunkt für Pilger, die es zu weit entfernten Zielen trieb. Nicht wenige wollten bis nach Je-

Hoffen auf Heilung: St. Sebald zog Pilger in die Stadt.

rusalem reisen. Diese Wallfahrten gab es seit dem 4. Jh. Im 15. Jh. erreichte diese Reisewelle ihren Höhepunkt. In Jerusalem konnten die Pilger von den dort ansässigen Franziskanern den Ritterschlag erhalten.

„Namentlich Fürsten des nördlichen und westlichen Deutschlands erschienen mit einem stattlichen Gefolge von Rittern, Geistlichen, vornehmen Bürgern und Dienern in den Mauern Nürnbergs", heißt es in einer der Darstellungen. Diese Reisenden konnten den Inhalt ihrer Geldbeutel bei Kaufleuten in Nürnberg einzahlen. Sie erhielten dafür einen Wechsel, der vor der Verschiffung über das Mittelmeer in Venedig – natürlich gegen einen Aufschlag – wieder eingelöst werden konnte. Dank dieser Dienstleistung waren die reichen Pilger auf dem Weg über die Alpen sicher, dass ihre Reisekasse nicht Räuberbanden in die Hände fiel.

Auch mehrere Klöster zogen Besucher an. Sie lagen anfangs zum Teil außerhalb der ältesten Stadtmauern. Als ältestes gilt das Benediktinerkloster St. Egidien. Der genannte Chronist Johannes Müllner zitiert eine verschollene Urkunde aus dem Jahr 1140, in der König Konrad den Bau des Klosters anordnete. Der erste Abt hieß demnach Charus.

Nach den (freilich umstrittenen) Quellen vertraute bereits Karl der Große bei seinem Aufenthalt bei Nürnberg um 800 Benediktinern eine Kapelle an. Nach nicht verifizierbaren Quellen ließen sich 1212 die Franziskaner vor der Stadt nieder. Seit dem 13. Jh. verfügten ebenso die Augustiner, Dominikaner und Karmeliten in Nürnberg über ein jeweils eigenes Domizil. Dazu kamen die Barfüßer – nach den Chroniken reichte ihr Totenkalender bis auf das Jahr 1228 zurück. 1482 brannte ihr Brauhaus ab.

Großen Zulauf hatten zu jenen Zeiten ebenfalls die Nonnenklöster. Das Kloster St. Maria Magdalena war im 13. Jh. außerhalb der Mauern Nürnbergs zu finden. 1274 soll mit dem Bau des Nonnenkloster St. Clara begonnen worden sein. 1279 übernahm der Klarissenorden die Überreste des Bettelordens der Reuerinnen.

1423 bestimmte Kaiser Sigismund Nürnberg als Aufbewahrungsort der Reichskleinodien. Sie wurden in der Kirche des Heilig-Geist-Spitals deponiert. Jährlich einmal, nämlich am 14. Tag nach Karfreitag, wurden sie zur Schau gestellt – im Rahmen einer „Heiltumsweisung", nach genau festgelegten kirchlichen Ritualen. Das zog viele neugierige Pilger an – die in den Wirtshäusern Unterkunft und Verpflegung fanden. Besuchern, gegen die eine „Reichsacht“ wirksam war, wurde dazu freies Geleit zugesichert. Bis zur Reformation konnte man bei diesem Anlass einen Ablass erwerben.

Dazu kamen Handelsmessen: Es gab in Nürnberg die Neujahrs-/Dreikönigsmesse und die Herbst-/Egidienmesse. Nach den Quellen dauerten diese Veranstaltungen jeweils vier Wochen lang. Messegäste von außerhalb waren damals wie heute ein wichtiger Wirtschaftsfaktor für die Stadt, insbesondere für die Gastronomie- und Herbergsbetriebe. In den alten Schriften wird unterstellt, dass Albrecht Dürer auf der ebenfalls stattfindenden Ostermesse jene seiner Werke zum Verkauf anbot, die nicht als Auftragsarbeiten entstanden waren.

„Belustigungen“ aller Art

Zu guten Umsätzen verhalfen die Besucher von weiteren Einrichtungen den Wirtsleuten: So gab es nach einer Auflistung von 1616 mindestens elf Bäder, derer sich die Bewohner und Gäste der Stadt erfreuen konnten. Chronisten identifizierten als älteste Badestube das *Rosenbad* – vormals *Burgbad* –, das 1288 den Franziskanern übergeben worden sein soll. 1309 wurde das *Sattlerbad* bei der alten, damals noch hölzernen Fleischbrücke erwähnt. Auch das *Irrerbad* war schon 1327 in Betrieb. Der jahrzehntelange Streit zwischen Badern und Barbieren, wer welche Dienste anbieten durfte, ist eine eigene Geschichte. Das Geschäft der öffentlichen Bäder ging mit der Ausbreitung der „Franzosenkrankheit“ (Syphilis) jedenfalls zurück, die man den unzulänglichen hygienischen Zuständen in den Bädern zuschrieb.

Weitere Anziehungspunkte waren schließlich etliche regionale „Events“, die den Alltag der Menschen unterbrachen. In die Rubrik „Belustigungen“ fällt unter anderem eine „Ochsenhetze“, von der Chronisten berichten. 1602 bekam ein Seiltänzer aus Paris die Erlaubnis, vier Wochen lang im *Wirtshaus zum Goldenen Stern* aufzutreten.

1616, 1617 und 1618 fanden zu Pfingsten Wettbewerbe im Vogelschießen statt. Ein „greulicher Sturmwind“ zerfetzte allerdings 1617 das Festzelt, in dem der Wirt Hanns Schneider vom *Roten Ochsen* ungeld-, also steuerfrei Wein und Bier ausschenken wollte. Wegen Problemen mit dem Herd für die Zubereitung der Speisen fing das Zelt sogar Feuer. Im Jahr darauf machte erneut das Wetter den Veranstaltern des Spektakels einen Strich durch die Rechnung.

Wer es sehen wollte, konnte im „anatomischen Theater" bei den Dominikanern öffentliche Leichenschauen und Sektionen bestaunen. Der Ort war zunächst als Übungsstätte für angehende Wundärzte gedacht, aber wer „Lust" hatte, den Bau des menschlichen Körpers kennenzulernen, war beim Auseinandernehmen der menschlichen „Cadavera" willkommen. In der Literatur wird die Qualität der Skelette gepriesen, die man dort gewann. Der Eintritt kostete jedes Mal sechs Kreuzer.

Nürnberg wurde, weil es im Vergleich mit anderen Städten hier „kultureller" zuging, im Rückblick gern als das „deutsche Paris des Mittelalters" bezeichnet. Eine Kehrseite war: Auch hier hatte der Henker reichlich Arbeit. Wenn er das Schwert schwang, um einen Übeltäter zu köpfen, so war das ein Ereignis von großer Anziehungskraft. Der Vollzug von Todesurteilen diente der mittelalterlichen Bevölkerung der Stadt und des Umlands als eine billige Form der Unterhaltung. Alte Zeichnungen dokumentieren, wie schon die Begleitung eines Verurteilten zum Richtplatz mit einem regelrechten Festzug verbunden war. Es gab dabei etliche Methoden der Bestrafung mit dem Tod. 1379 wurden in Nürnberg sieben Personen wegen Unglaubens und Ketzerei bei lebendigem Leib verbrannt. 1393 wurde ein Tuchmacher wegen einer Mordtat „in Öl gesotten". Viele Opfer wurden gehängt oder in Säcken ertränkt – Letzteres widerfuhr 1419 Herman Pullendorfer und Hannsen Schuster, weil der eine zwei und der andere drei „Weiber genommen" hatte. 1586 wurde ein Hans Hofmann aus Schwarzenlohe gehenkt, weil er Pestkranken im Lazarett die Kleider gestohlen hatte. In manchen Fällen wurden die Übeltäter nach dem Tod zusätzlich gevierteilt. Alte Berichte beschreiben, wie Täter und Täterinnen bei lebendigem Leibe vergraben wurden.

Nicht immer ging es gleich um die Vollstreckung der Todesstrafe. An der Fleischbrücke befand sich ein „Ohrenstock", an dem

Dieben die Ohren abgeschnitten oder eine Hand abgehackt wurden. Nach alten Beschreibungen wurden Missetäter vielleicht „nur“ mit glühenden Zangen in den Arm „gezwickt“. „Da schrie er sehr“, heißt es in der Beschreibung einer dieser Vorgänge im Jahr 1585. 1587 wurden der Anna Kernerin aus Bamberg die Ohren abgeschnitten, weil sie nächtens ihrer Herrin „viel Waren aus dem Haus getragen“ – sprich: gestohlen – hatte. Vergleichsweise glimpflich kam die Frau des Steinmetzen von Gostenhof davon: Sie wurde 1574 nur „mit Ruten ausgehauen“, wegen des Vorwurfs der Hurerei und der Dieberei. Was die Öffentlichkeit nicht mitbekam, war die Folter, mit der die meisten Geständnisse erzwungen wurden. Der Folterstuhl in Nürnberg soll mit 2000 herausragenden spitzen Holznägeln versehen gewesen sein.

Nach den Quellen vollstreckte der Nürnberger Scharfrichter zwischen 1501 und 1525 insgesamt mehr als 1100 Urteile. Die Serie der Opfer begann mit zwei Burschen, die geköpft wurden, weil sie am Weinmarkt Wein gestohlen hatten. Es muss eine Zeit besonderer Gewalttätigkeit gewesen sein. Den alten Chroniken zufolge verging manchmal kaum eine Woche ohne eine Mordgeschichte. 1503 richtete der Nürnberger Henker im benachbarten Heroldsberg fünf Übeltäter mit dem Schwert. Bei einer anschließenden handgreiflichen Auseinandersetzung nutzte er die Klinge noch einmal und hieb einem sechsten den Kopf ab. Zwischen 1578 und 1617 exekutierte allein der Nürnberger Henker Franz Schmidt 361 Personen und führte 345 „Leibstrafen“ aus. Besonders groß war nach zeitgenössischen Berichten der Zulauf, als am 7. Oktober 1579 gleich zwei Übeltäter an einem neu errichteten Galgen gehenkt wurden. Das letzte Mal wurden am 18. März 1766 zwei „Mordbrenner“ mit dem Schwert gerichtet, ihre Rumpfe wurden auf Scheiterhaufen verbrannt und ihre Köpfe auf Pfähle gesteckt.

Wie andere Orte war auch Nürnberg Schauplatz von Hexenprozessen. In ihnen wurde ab dem 15. Jh. eine Vielzahl von Mädchen und Frauen angeklagt – die jüngste war zehn, die älteste 80 Jahre alt. Dem eigentlichen Verfahren ging üblicherweise die Folter voraus. Ein Erlass des Stadtrates von 1536 warnte ausdrücklich vor Wahrsagen und „Zaubereyen“ als „Teuffels Gespenst“. Umherziehende

Viel Publikum war sicher: Gesellenstechen erfreuten sich als „unblutige Events" großer Beliebtheit.

„Kräuterweiber" und Wahrsagerinnen standen wegen ihres angeblichen „Teufelsbunds" stets mit einem Bein im Gefängnis. Nicht selten ging es bei den Verfahren um sogenannte Liebeszauber. Der Denunziation waren dabei Tür und Tor geöffnet. Die meisten Beschuldigten wurden verbannt. So geschah es 1505 einer Barbara aus Schwabach. Man warf ihr vor, im Bund mit dem Teufel etlichen Frauen aus „irgendeiner Feindschaft" den Hexenschuss in den Leib gezaubert zu haben. Der Chronist Heinrich Deichsler dokumentierte die Exekution bis ins letzte Detail.

1592 wurden gleich fünf vermeintliche Hexen – auch „Druten" oder „Truten" genannt – auf dem Nürnberger Scheiterhaufen verbrannt. Vereinzelt wurden Männer ebenfalls der Zauberei bezichtigt. Friedrich Stigler fiel 1590 unter anderem wegen des Verkaufs von Säckchen mit Leichenteilen, die er als Abwehrzauber anbot, dem Schwert zum Opfer. Er hatte zuvor selber als Henkersknecht an etlichen Hexenprozessen mitgewirkt. Forscher zählen insgesamt 60 solcher Prozesse in Nürnberg auf. Die letzten Verfahren dieser Art fanden den Quellen zufolge 1659 statt.

Kurzer Weg zur Arbeit: Der Henkersteg über die Pegnitz verband den Wohnort des Scharfrichters mit seiner Wirkungsstätte.

Auf der Liste der unblutigen Events, die Besucher anlockten, standen regelmäßige „Gesellenstechen" und gelegentliche Umzüge von Handwerkszweigen mit Tänzen zur Musik von Trommeln, Pfeifen und Schalmeien. Viel „Pracht" war wohl speziell mit dem Gesellenstechen von 1446 verbunden, heißt es.

Die Tradition der „Schembart-Tänze" lässt sich bis etwa 1350 zurückverfolgen. Nach ihrer Definition handelte es sich um „eine öffentliche Lustbarkeit in Maskenkleidung". Vorbild war wohl das Fastnachtstreiben in der Stadt Venedig, mit der Nürnberg vielfältige Kontakte unterhielt. Die Metzger und Messermacher erhielten damals dazu von Karl IV. die Erlaubnis, weil sie beim gerade beendeten Handwerkeraufstand nicht mitgemacht, sondern der alten Obrigkeit die Treue gehalten hatten. In einer Beschreibung ist zu lesen: „Voraus liefen mehrere Vermummte in Narrenkleidern, die mit Kolben und Pritschen in der Hand Platz machten. Hierauf kam ein Narr mit einem großen Sack voll Nüsse, welche er unter die Buben warf, die sich darum rauften und ein großes Geschrei machten, sodass ein jeder wissen musste, der Schambart kommt. Diesem Narren folgte ein anderer, meist zu Pferd, der einen Korb voll Eier mit sich führte, die mit Rosenwasser gefüllt waren. Wenn nun das Frauenzimmer sich in den Fenstern oder unter den Haustüren oder auch auf der Gasse sehen ließ, wurden sie mit diesen Eiern beworfen, und dies hat nun gar schön geschmecket. Dann kamen die Schambartsleute selbst mit ihren Hauptleuten, Schutzmännern und Musikanten. Ihr Anzug war bei jedem derselbe, aber die Farben alle Jahre verschieden …" Noch heute pflegt die Nürnberger Schembart-Gesellschaft die alten Bräuche.

Zeitweise waren solche „Lustbarkeiten" ausgesetzt – z. B. während der Bauernkriege nach 1524. Auf dem Höhepunkt zwischen 1601 und 1605 fanden „auf oberherrliche Erlaubnis" vergleichbare Events von Beckenknechten, Fischern, Kupferschmieden, Lederern, Leinenwebern, Metzgern, Messerern, Rotschmieden, Scheibenziehern, Schellenmachern, Schlossern, Schneidern, Schreinern und Zirkelschmieden statt. Da brummte das Geschäft der Wirtsleute!

Das erste in den alten Dokumenten erwähnte „Festschießen" organisierte der Stadtrat im August 1433. Dazu waren Teilnehmer aus vielen süddeutschen Städten eingeladen. Die verwendete Waffe war die Armbrust. Hauptpreise waren ein Ochse, ein Pferd und eine silberne Schale sowie ein silberner Becher. Ein regelmäßiges Event waren Schaufechten – Nürnberg war einst landauf, landab berühmt wegen seiner Fechtschule. Sie war mit Bühnen ausgestattet, auf denen Komödien zur Aufführung gelangten. Öffentliche Vorführungen fanden im *Heilsbronner Hof* unterhalb der Lorenzkirche statt, der bis zur Reformation bestand. Nach alten Berichten endeten manche Vorführungen allerdings mit dem Tod des einen oder anderen Teilnehmers.

Anleitungen zu diesem Sport lieferte unter anderem ein *Fechtbuch*, das Albrecht Dürer zugeschrieben wird. Es entstand nach Meinung von Forschern 1512, enthielt zahlreiche Skizzen, die eher flüchtig und wahrscheinlich auf der Grundlage von anderen Vorlagen gezeichnet wurden. Die Arbeit blieb unvollendet. In die Darstellungen des Dürer'schen Gesamtwerks werden die Blätter, die zudem Szenen zu Ringkämpfen enthalten, meistens nicht mit aufgenommen.

Der *Heilsbronner Hof* fasste nach den damaligen Angaben rund 1000, nach anderen Berichten sogar 3000 Zuschauer. Er wurde auch für Theatervorführungen genutzt. Zeitgenössische Abbildungen zeigen allerlei Akrobaten bei ihren Übungen am Hochseil. Bis zur Mitte des 18. Jhs. wurden hier außerdem Tierhatzen veranstaltet. Ochsen und Bären wurden dabei von Hunden zu Tode gehetzt. Der Stadtgraben wurde zu manchen Zeiten zum Schauplatz von Wettbewerben im Armbrustschießen. Ein „Belustigungsort“ für die Bewohnung Nürnbergs war seit dem 15. Jh. auch die Hallerwiese – regelmäßig fanden dort Schießübungen statt.

In der Literatur wird beschrieben, dass 1614 die Metzger bei einem Umzug eine rund 250 Meter lange Bratwurst umhertrugen. Neben dem Fleisch soll sie 20 Pfund Pfeffer enthalten haben. Der Rekord wurde 1658 mit einer schätzungsweise 330 Meter langen Bratwurst gebrochen.

Zu solchen Anlässen und generell zur Fastnachtszeit strömten in großer Zahl Neugierige von außerhalb in die Reichsstadt, und zur Freude der Wirtshäuser saß das Geld bei den Besuchern locker. Es fehlte auch unabhängig von allen diesen Spektakeln nicht an regelmäßigen Stammgästen. Das Handwerk blühte, und viele Meister

Komödianten im Programm

Das Fechthaus in Nürnberg nahm Mitte Juni 1628 auf der Hinteren Insel Schütt seinen Betrieb auf. Es gilt als das erste kommunale Theatergebäude Deutschlands, das Zuschauer einlud. Auf dem Hof konnte eine Bretterbühne aufgebaut werden. Es gab kein festes Ensemble, der Spielplan war von wandernden Schauspielertruppen abhängig. Der Stadtrat entschied, wer welches Stück aufführen durfte und wer nicht. Anfangs bestritten vor allem „englische Komödianten“ das Programm, während einheimische Meistersinger keine Erlaubnis zum Spielen erhielten. Zu späteren Zeiten ist der Auftritt italienischer Komödianten auffällig. Dem Fechthaus war zudem ein Wirtshaus angeschlossen.

Ab 1668 konkurrierte ein neu gebautes Opern- bzw. Nachtkomödienhaus mit dem Fechthaus. Letzteres Gebäude wurde 1762 in eine Arbeitsanstalt umgewandelt.

verdienten in ihrem Gewerbe genügend Geld, um nach Feierabend ins Wirtshaus zu gehen. Auch Albrecht Dürer war wohl als lustiger Zechkumpan in Wirtshäusern gern gesehen, vermuten Biografen. Zuhause wartete auf ihn seine Frau Agnes, die der Maler einmal wenig liebevoll als „alte Krähe" bezeichnete. Die Wirtshäuser waren angesichts der fehlenden Zunftstuben jedenfalls wichtige Orte der Kommunikation. Der Gedankenaustausch, der hier stattfand, war ein Katalysator für Innovationen im aufblühenden Handwerk.

Die geselligen Treffen vor allem der Meistersinger sorgten ebenfalls für gute Umsätze. Hans Sachs erlangte unter ihnen als Verfasser von über 4000 Meisterliedern die größte Berühmtheit. Sie waren Handwerker, die danach strebten, die Singkunst nach festen Regeln zur Vollkommenheit zu bringen. Sachs war Schuhmacher, Hans Folz Barbier und Wundarzt, Konrad Nachtigall Bäcker, Fritz Zorn Nagler und Lienhard Nunnenbeck Leinenweber, um nur einige Beispiele zu nennen. Von den Wirtsleuten der Gasthäuser, in denen sie sich trafen, wurden die Meistersinger angesichts ihres Konsums hoch geschätzt.

Wirtshäuser waren außerdem ab dem 15. Jh. die Bühne für Fastnachtsspiele. Sie fielen nicht in die Gattung der hohen Dichtkunst. Der bekannteste Autor war der um 1400 geborene Hans Rosenplüt aus dem Kreis der Büchsenmacher.

Gasthöfe, Schenken und Trinkstuben

Im Lauf der Zeit bildeten sich verschiedene Kategorien von Gasthäusern in der Stadt heraus. Die erste Gruppe, die Luxusklasse, umfasste die Gasthöfe mit dem Recht zur Beherbergung von Reisenden mit Wagen und zur Ausrichtung von Hochzeitsfeiern. Die Wirte hatten mindestens vier bis fünf Betten und Platz für zehn Pferde anzubieten; sie waren verpflichtet, ihre jeweiligen Übernachtungsgäste der städtischen Obrigkeit zu melden. Zur zweiten Kategorie zählten Weinschenken mit dem Recht zu kochen, Hochzeitsfeiern auszurichten und zu Fuß Reisende zu beherbergen. Dazu kamen einfache Wirtshäuser mit der Konzession, Bier auszuschenken.

Fremden durften sie keine Herberge anbieten. Am unteren Ende der Liste standen einfache Weinschenken bzw. Trinkstuben ohne das Recht zu kochen sowie die Garküchen im Freien. Alte Quellen erwähnen zudem Winkelschenken und Heckenwirte, die außerhalb der allgemeinen Weisungen ihr Geschäft betrieben.

In den „Trinkstuben" muss es hoch hergegangen sein. Eine in Frankfurt/Main erschienene Stadtbeschreibung von 1648 attestiert den Einwohnern von Nürnberg „von Natur" aus ein „fröhliches Gemüt". Für Stimmung sorgten bisweilen Musikanten – die Figur des Dudelsackpfeifers am gleichnamigen Brunnen am Nürnberger Unschlittplatz zeugt davon. In den einfachen Wirtshäusern unterhielten sich die Gäste bei Würfel- und Kartenspielen. Spielkartenmacher zählten spätestens seit 1380 zu den in Nürnberg ansässigen Gewerben.

Das Ausmaß der Spiele gefiel nicht allen. Darüber gibt ein Vorfall aus dem Jahr 1452 Aufschluss: Ein päpstlicher Gesandter sorgte in jenem Jahr dafür, dass in Nürnberg rund 40.000 Würfel sowie „ein großer Hauffe Kartenspiel" konfisziert und verbrannt wurden. Für wie lange das Verbot von Würfel- und Kartenspielen galt, ist nicht bekannt. Wer aber beim Falschspiel erwischt wurde, wurde jedenfalls an den Pranger gestellt, und wer randalierte oder in einem Wirtshaus das „Trinkgeschirr" zerschlug, musste mit einer saftigen Strafe rechnen.

Der Rat der Stadt mischte sich mit Regulierungen der Preise für Speisen und Getränke in den Betrieb der Wirtshäuser ein. Das galt für Friedens- ebenso wie für Kriegszeiten. Letztere gab es genügend, und sie waren für jedermann, also auch für Wirtsleute schlimme Zeiten. Manche Auseinandersetzungen zogen das ganze Land jahrelang in ihren Bann, andere waren regional und auf eine kurze Zeit begrenzt. Dann waren die Nachschubwege für Lebensmittel, die nicht aus der näheren Umgebung stammten, blockiert. 1388 war ein solches schlimmes Jahr: Nürnberg rüstete im Rahmen des bayerisch-schwäbischen Städtekrieges unter seinem Banner rund 1000 Mann mit Spießen und als Schützen zu Pferd sowie weitere 1500 Mann zu Fuß aus, um gegen Windsheim zu ziehen. Darunter waren eigene Bürger ebenso wie Söldner von außerhalb, die in den Wirts-

Musikanten brachten gute Stimmung: Ein Dudelsackpfeifer dient heute als Brunnenfigur.

häusern sicherlich einen großen Teil ihres Lohns ausgaben. Doch der Krieg brachte hohe Kosten mit sich, wenig Ehre und noch weniger Gewinn, „denn der Handel der Bürger lag gänzlich darnieder", wie es Beobachter schrieben.

Manche Auseinandersetzungen waren eher kurios. 1538 kam es zwischen Nürnberg und dem Markgrafen von Brandenburg zum „Rüben-, Kraut und Meisenkrieg". Der Anlass: Als der Markgraf an der Stadt vorbeizog, ließ er seine Soldaten die Rüben, die auf den Feldern wuchsen, für den Verzehr ernten. Die Soldaten zerstörten dabei auch die aufgestellten „Meisenhütten".

Für schlimme Zeiten sorgten Naturkatastrophen. Das war z. B. in den 1560er- und 1570er-Jahren der Fall, insbesondere in der Zeit zwischen 1569 und 1573. Weite Teile Europas waren damals von Überschwemmungen und Hitzeperioden betroffen, die zu Missernten führten. Seuchen rafften das Vieh hinweg. Chronisten meldeten als Folge „große Teuerung, dergleichen zu Nürnberg nie erhöret worden". Zum Hunger kam die Pest, der z. B. alleine in Nürnberg im Jahr 1570 rund 1600 Kinder zum Opfer fielen. Zu solchen Zeiten blieben Reisende natürlich weitgehend aus und die Wirtshäuser leer.

Der Mangel an Nahrungsmitteln ließ die Obrigkeit noch mehr als sonst reglementierend eingreifen. Laut einer Polizeiordnung, die 1572 in Nürnberg erschien, war „das tägliche zechen, schlemmen und spielen in den Wirtshäusern" nicht länger gestattet. Der Betrieb ging zwar weiter, um die wenigen Gäste von außerhalb zu bewirten, aber nach 20 Uhr blieb die Küche dicht. Die Wirtshäuser waren generell an Sonn- und Feiertagen bis nach den Gottesdiensten geschlossen. „Vor verbrachter Predigt" durfte kein Wirt einem Gast Wein, Met oder Bier ausgeben, und schon gar nichts Gekochtes. „Wer sich „volltrinkt, als dass er sich seiner Vernunft missbraucht", der sollte als Strafe fünf Tage bei Wasser und Brot „auf einen Turm", sprich: im Gefängnis verbringen, hieß es generell in einer der Verordnungen von 1548.

Aus dem Jahr 1690 stammt eine andere städtische Urkunde, die übermäßiges Zechen und Schwelgen in den Wirtshäusern und Weinkellern beklagte. Künftig würden Wirte, die das zuließen, ebenso wie die Zechenden selbst dafür mit fünf Gulden bestraft. Nach dem Dokument verkauften zu jener Zeit auch eine Reihe von Personen, die keine Schankerlaubnis besaßen, illegal Wein oder Bier. Sie wollten damit die Zahlung des Ungeldes als Steuer umgehen.

Beschränkungen gab es für Hochzeitsfeiern, die den Gasthäusern eigentlich stets gute Umsätze bescherten. Nur mehr 48 Gäste durften nach einer Verordnung von 1598 eingeladen werden, und die Zeche durfte einen halben Gulden pro Person nicht überschreiten. Immerhin 60 Gäste waren zu einem anderen Datum zugelassen – jeweils 30 zum „Frühmahl" und 30 zum „Nachtmahl". Jedes Menü durfte nicht mehr als vier Gänge umfassen. Tanzen durften die Gäste, jedoch „ohne sonderlich Geschrei und Getümmel". Eine Verordnung von 1603 verbot das Auftischen von Rebhühnern und ähnlichem Wild sowie von Marzipan. Auch die Weinsorten waren begrenzt. Nach einer Vorschrift von 1622 waren Junggesellen und Jungfrauen zur Hochzeitsfeier zugelassen. Es wurde viel getanzt – auch wenn an der Wende zum 18. Jh. die Diskussion aufkam, ob die Tanzkunst nicht schädlich oder unvernünftig sei. Wenn es ans Essen ging, war für die jungen, unverheirateten Leute am Tisch hingegen kein Platz vorgesehen.

Zu schlechten wie zu guten Zeiten galt: „Hader" durfte in den Wirtshäusern nicht ausgetragen werden. Es war grundsätzlich verboten, mit Waffen ein Wirtshaus zu betreten. Wenn ein Gast der Aufforderung des Wirts, sein Schwert oder sein Messer abzugeben, nicht nachkommen wollte, so bekam nach einer Verordnung von 1290 weder er selbst ein Essen noch sein Pferd Futter.

Den Wirtsleuten war vorgeschrieben: Sie mussten die Lebensmittel auf den dafür ausgewiesenen Märkten kaufen. Manche Straßennamen zeugen heute noch von den Standorten – die Liste beginnt bei bekannten Plätzen wie dem Weinmarkt und endet bei eher versteckten Adressen wie dem Schmalzgässchen. Es war verboten, die Produkte direkt von den Bauern auf den Höfen außerhalb der Stadt zu beziehen.

Wenn am Ende des Tages der Nachtwächter durch die Straßen lief und mit seiner Glocke läutete, dann begann die allgemeine Sperrstunde. Nur noch Übernachtungsgäste durften sich nach diesem Zeitpunkt in den Wirtshäusern aufhalten. Maßstab war freilich nicht die heutige genormte Zeitrechnung. Die „Nürnberger Zeit" wurde von der Schlaguhr am nach 1250 errichteten Turm zum Weg nach Lauf angezeigt – heute ist das der Laufer Schlagturm. Diese Zeit richtete sich nach dem Sonnenauf- und -untergang. Im Winter gab es also acht Tag- und 16 Nachtstunden.

Eine Verfügung des Stadtrats von 1771 verbot den Wirten, ihren Gästen noch nach 10 Uhr abends Getränke auszuschenken. Anlass waren größte „Unordnungen", die zechende Besucher verursacht hätten. Zu jener Zeit herrschte sowieso eine ziemliche „Geldklemm". 1796, unter kriegsbedingter französischer Besatzung Nürnbergs, war bereits um 9 Uhr abends allgemeine Sperrstunde und alles dicht.

Die Wirte mögen, nachdem der letzte Gast gegangen war, Bilanz über ihre Tageseinnahmen gezogen haben. Für große Rücklagen reichte freilich das Geschäft oft nicht – schon gar nicht zu Zeiten außerhalb von Reichstagen und Turnieren, denn die grassierende Inflation fraß die Gewinne schnell auf. Bis zum Erlass einer Reichsmünzordnung 1559 herrschte in deutschen Landen ein allgemeines Münzchaos, mit Dutzenden von Münzprägestätten. Nürnberg war selbst seit 1219 eine Reichsmünzstätte und hatte einen eigenen Münzmeister. Bei einem Wechsel der fürstlichen Herrschaft wurden die Pfennige üblicherweise gegen neue eingetauscht. Die eingezogenen Münzen wurden geschmolzen und neu geprägt. Die neuen waren dann meist dünner und der Feingehalt an Silber wurde durch Zugabe anderer Metalle gesenkt. Auf diese Weise verdienten die weltlichen und geistlichen Herrschaften jedes Mal ein stattliches Vermögen. Berechnungen ergaben, dass in der Reichsstadt Nürnberg der Wert des Silbergehalts bei den umlaufenden Münzen allein zwischen 1376 und 1396 um ein Drittel sank.

Das älteste (Gast-)Gewerbe der Welt

Ein Überblick über die Gastlichkeit innerhalb der Nürnberger Mauern wäre ohne die Erwähnung der Wirtsleute des Frauenhauses unvollständig – heute würde man die Einrichtung als Bordell bezeichnen, und nach der Meinung von Forschern könnte es bis zum 16. Jh.

In der Tradition von König Hammurabi

Die ältesten Vorschriften für Wirtshäuser reichen bis zum Kodex des babylonischen Königs Hammurabi aus der Zeit von 1750 vor Beginn unserer Zeitrechnung zurück. Sie verordneten, dass Wirtinnen Korn als Bezahlung für Getränke akzeptieren mussten. Wenn sich Verschwörer im Haus eines Tavernenwirtes trafen und dieser solche Gäste nicht dem Gericht auslieferte, so sollte der Betreiber mit dem Tod bestraft werden. Natürlich musste er erst erwischt werden.

das größte in Deutschland gewesen sein. Man fand den Standort im „Muckenthal" – später umbenannt in Frauengässlein. Das Etablissement wurde 1403 erstmals erwähnt. 1470 erließ der Stadtrat eine eigene *Ordnung der Gemeinen Weiber in den Frauenhäusern*. Verheirateten Männern, Geistlichen und Juden war der Besuch des Frauenhauses verboten.

Die Bewohnerinnen hatten das Bürgerrecht. Trotz der allgemeinen Anerkennung des Berufes war es kontrovers, ob diese Frauen auch außerhalb des Hauses auftreten durften. Eine Verordnung verbannte sie 1486 von Tänzen, die im Rathaus stattfanden. „Auf wichtige Vorbitte hin" wurde es aber später dreien der Frauen gestattet, sich zwischen den Saaltüren aufzuhalten.

Außerhalb der Stadtmauern gingen „gemeine Dirnen" ebenfalls ihrem Gewerbe nach. Vor allem geschah das im Weste, zwischen dem Reutersbrünnlein und dem „Plerrer". Eine Verordnung von 1480 untersagte es ausdrücklichen allen Wirten, diese Frauen tags wie nachts zu beherbergen.

Allein der Strom der Gäste auf der Durchreise oder der Besucher der großen Events sorgte für genügend Umsätze in diesem Gewerbe. Vor allem waren es wohl Handwerksgesellen, die hier manche Gulden ausgaben. 1497 boten im Frauenhaus 26 Frauen ihre Dienste an. Die Gemeinschaft sorgte selbst dafür, dass keine Konkurrenz aufkam: 1505 zerstörten nach einem zeitgenössischen Bericht acht Insassinnen des Frauenhauses ein „Hurennest" unterhalb der Burg. Sie zerbrachen Türen, Fenster und Öfen und plünderten das Inventar.

Die Reformation beendete vorübergehend das Gewerbe. 1557 wurde die Gasse nachts durch ein Tor verriegelt, 1562 wurde das Frauenhaus „auf heftiges Predigen der Geistlichkeit" hin durch Beschluss des Stadtrats geschlossen. In der Illegalität florierte die Prostitution dennoch weiter. Ein Ort dafür war das Wirtshaus *Zum Rotenhertz* am Lorenzer Platz. Die Betreiberin Ursul Grimin landete schließlich vor Gericht. Als „Hurn und Hurnwirtin" wurde sie an den Pranger gestellt, als Strafe wurden ihr vom Henker die Wangen mit dem Brandeisen durchstoßen. Anschließend wurde sie ausgepeitscht.

Die Reformation breitet sich aus

Apropos Reformation: Natürlich wurden die Gedanken von Martin Luther und seinen Anhängern in Nürnberg nicht nur in den stillen Kammern der Patrizierhäuser diskutiert, sondern genauso unter den Gästen in den Wirtshäusern. Dort kursierten die Flugschriften, die sich für die neuen Ideen einsetzten, und dort fand man auch die Verfasser und Drucker. Die Gaststuben waren zu jener Zeit dem Vernehmen nach so stark besucht wie nie zuvor.

Manche Schriften waren mit dem Namen des Druckers versehen, andere nicht. Einer der eifrigsten Verfechter der Gedanken Luthers war Andreas Althamer, zeitweise Diakon an der Sebalduskirche in Nürnberg. Sein Werk mit dem Titel *Warum Gott die Welt so lang hat irren lassen* druckte Friedrich Peypus in Nürnberg, der zwischen 1510 und 1535 hier arbeitete. Er druckte bereits 1524 Luthers Übersetzung des Neuen Testaments.

In Nürnberg gedruckt wurde 1522 auch Luthers Schrift *Wider den falsch genanten geistlichen Stand des Bapsts und der Bischoffen* – um nur eines von unzähligen Beispielen zu nennen. Namentlich bekannt ist der Buchdrucker Hans Hergot aus Nürnberg, der zur Abschreckung als Vertreiber solcher Schriften in Leipzig gefasst und auf dem dortigen Marktplatz am 20. Mai 1527 hingerichtet wurde. 75 Druckschriften werden seiner Werkstatt zugeschrieben. Luther bezichtigte ihn allerdings des „Nachdruckerunfugs". Luther selbst besuchte 1518 auf der Durchreise die Reichsstadt, ohne dass ein öffentlicher Auftritt nachweisbar wäre. Für ihn war Nürnberg mit seinen Wirtsstuben das „Auge und Ohr Deutschlands". Im Augustinerkloster bekam er eine neue Kutte.

In Nürnberg lebten nicht nur Drucker, sondern auch andere wichtige Sympathisanten und Förderer wie der Humanist Willibald Pirckheimer, der Luther beherbergte. Bei dieser Gelegenheit trafen sich Luther und Albrecht Dürer. Der Maler wurde zu einem glühenden Anhänger des Predigers. Ein Symbol für die Position Nürnbergs im Glaubensstreit war es, dass der Rat 1525 den Metzgern in der Stadt erlaubte, auch in der Fastenzeit Fleisch anzubieten. Das tauchte dann auf den Speisekarten der Wirtshäuser auf.

So wurde Nürnberg mit zu einer treibenden Kraft der Reformation. Die Wirtshäuser spielten bei diesem Vorgang eine zentrale Rolle – ebenso wie später die Pariser Cafés in der Französischen Revolution. Hier zirkulierten die Schriften mit den neuen Botschaften, hier wurden sie gelesen und unter den Bürgern – gern kontrovers – diskutiert.

Einen dramatischen Verlauf nahmen die Reichstage, die 1522/23 und 1524 in Nürnberg stattfanden: 1521 war das Wormser Edikt verabschiedet worden, das über Luther die Reichsacht verhängte. In Nürnberg ging es nun um die Umsetzung. Die Städte waren aber inzwischen in der Mehrheit lutherisch gesinnt, und angesichts der öffentlichen Meinung, die sich in den Wirtshäusern artikulierte, ging der Stadtrat auf Forderungen der päpstlichen Vertreter, gegen die Prediger der neuen Lehre vorzugehen, nicht ein. Auch verschiedene Aktionen der Bürger, die sich gegen die Klöster in der Stadt richteten, wurden an Stammtischen vorbesprochen. Sie waren harmlos und beschränkten sich offenbar auf das Absingen von Spottliedern. Was in diesen Jahren bei den Verhandlungen der politischen Parteien in Nürnberg herauskam, sollte sich aber für die Geschichte Europas als folgenschwer herausstellen.

Aus dem Jahr 1523 stammt das Gedicht von der „Wittenbergischen Nachtigall“ des Hans Sachs. 1524 gilt in den Chroniken zur Geschichte Nürnbergs als das Jahr der mehrheitlichen Abkehr der städtischen Bevölkerung vom Papsttum. Das alte klerikale System der katholischen Kirche zu überwinden war ganz im Sinne wirtschaftlicher Überlegungen des Stadtrats, denn der Ablasshandel schöpfte innerhalb der Mauern einen erheblichen Teil der Kaufkraft der Bürger ab, die dadurch dem heimischen Gewerbe verloren ging. 1451 war beispielsweise der päpstliche Gesandte Kardinal Nikolaus von Cusa nach Nürnberg gekommen. Sein Angebot: Wer auch nur die Hälfte des Geldes, die eine Pilgerfahrt nach Rom kostete, bei ihm ablieferte, sollte vollkommenen Ablass erhalten, so als wäre er tatsächlich nach Rom gereist. Das war ein Schnäppchen, dem manche frommen Bürger kaum widerstehen konnten.

Bischöfe stritten immer wieder darüber, wer durch seine Agenten für einen Ablassbrief werben durfte – in Nürnberg standen

Bamberger und Mainzer vorgefertigte Schriftstücke in Konkurrenz zueinander. Kritiker sprachen von einem Kuttenstreit. 1523 gab es keinen Ablass für städtische Almosen mehr. Erschwerend für die wirtschaftliche Lage kam hinzu, dass zu jener Zeit in Süddeutschland Nahrungsmittelknappheit und eine allgemeine Teuerung grassierten.

Warten auf die nächste Kutsche

Das Angebot der Wirtshäuser wurde mit der Zeit immer vielfältiger. In der zweiten Hälfte des 18. Jhs. gewannen sie auch als Abfahrtsorte für Boten und die inzwischen überall fahrenden Kutschen im Linienverkehr an Bedeutung. So etwas wie einen zentralen Bahnhof gab es damals nicht, wohl aber einen festen Fahrplan und feste Transporttarife für Briefe und Pakete. Nach einer 1767 in Hamburg gedruckten Aufstellung gingen die Kutschen von verschiedenen Wirtshäusern in Nürnberg ab: Das waren das *Weiße Roß*, der *Schwan* und das *Schwarze Kreuz*, der *Goldene Löwe* und der *Blaue Schlüssel*, die *Drei Könige* und der *Türkenwirt*, die Herberge *Im Bitterholz* und vom *Wildenmann*. In einem Reiseführer desselben Verlages aus demselben Jahr ist zu lesen: „Man logirt zu Nürnberg im *Reichsadler*, in der *Güldnen Gans, Bitterholz*, im *Rothen Roß*, im *Einhorn*, im *Rothen Hahn,* in den *Drey Königen*, im Schwan. Inbesonderheit werden jetzo auch frequentiret der *Radbronnen* bey dem neuen Thore und der *Goldne Stern*, gegen über auch die *Rothe Glocke* in der Vorstadt Gostenhof."

Die Kutscher blieben in der Regel über Nacht im jeweiligen Wirtshaus, und wohl auch manche Passagiere, die umzusteigen hatten, übernachteten hier. Die Kutschen kamen von und gingen nach Augsburg, Frankfurt oder Leipzig, um drei Beispiele zu nennen. Nur für die Kutsche nach Prag als der entferntesten Direktverbindung gab es keine genaue Ankunfts- und Abfahrtszeit. Sie ging vom *Goldenen Schwan* ab.

Unabhängig vom Transport von Passagieren waren die Botenlinien. Sie gingen sogar von 14 verschiedenen Wirtshäusern ab. Ei-

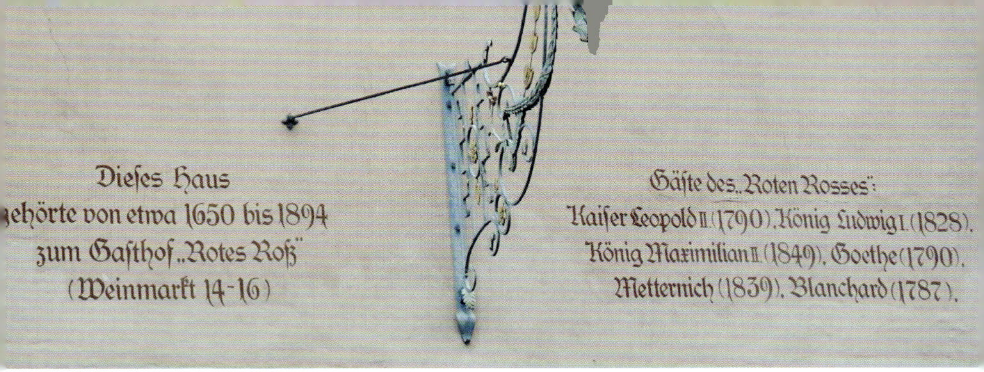

Ein Bett für Kaiser Leopold und Goethe: Im „Roten Ross“ nächtigten viele Prominente.

nige Boten waren zu Fuß unterwegs, andere zu Pferde, manche mit Lasttieren. Der Bote nach Lichtenau führte einen Schubkarren mit.

Glaubt man der Darstellung in Hartmut Schedels berühmter Weltchronik aus dem Jahr 1493, dann lägen die Anfänge Nürnberger Gastlichkeit sehr viel weiter zurück. So soll der römische Feldherr Drusus Nero bei seinen Feldzügen nach Germanien auf dem oder unterhalb des Nürnberger Sandsteinfelsen ein Lager aufgeschlagen haben. Seine Feldzüge gegen die Germanen sind verbürgt, seine Spuren findet man in der Gegend von Bonn ebenso wie von Magdeburg, und es besteht kaum ein Zweifel, dass er sich bei Lohr am Main aufhielt. Von Nürnberg aus ist das der sprichwörtliche Katzensprung. In der Literatur noch des 18. Jhs. wurde der Bestand eines römischen Dianatempels auf dem Nürnberg Burgfelsen als Fakt dargestellt.

Schedel zufolge hielt sich auch Karl der Große in der Stadt bzw. ihrer Umgebung auf. Der Legende nach geht die Rundkapelle im Nürnberger Vorort Altenfurt auf ihn zurück. Eine ähnliche Gründungssage gibt es zum benachbarten Fürth. Wenn ein solcher Aufenthalt sich wirklich zugetragen haben sollte, so muss der Hofstaat auch gegessen und getrunken haben. Von dem Gelehrten Einhard († 840) wissen wir, dass Karl der Große auf seiner „gewöhnlichen“ Tafel „außer dem Braten, den ihm die Jäger am Bratenspieß zu bringen pflegten“, noch vier Gerichte auftragen ließ. Woraus sie bestanden und wer sie zubereitete, das muss der Fantasie überlassen bleiben. Letztlich ist alles, was vor der Zeit der Sigena, also 1050, gelegen haben könnte, Legende.

Eine „Luftreise“ zieht Massen an

Manche Wirte waren besonders geschäftstüchtig – sie organisierten spezielle Events. Der damalige Wirt Wilhelm Roth vom *Roten Roß* ist ein Beispiel dafür: Mehr als 50.000 Neugierige kamen zusammen, als auf seine Initiative hin im Oktober 1787 der französische Ballonfahrer Jean-Pierre Blanchard die Reichsstadt besuchte. Drei Wochen lang konnte sein Gerät gegen Zahlung eines Eintrittspreises besichtigt werden, bevor er von der Judenbühl aus (dem heutigen Stadtpark) in die Lüfte stieg. Um eine rechte Ordnung zu sichern, regelte der Stadtrat zu diesem Anlass den Zugang bzw. die Zufahrt von Fußgängern, Reitern und Kutschen zum Veranstaltungsort in einem speziellen Dekret. Vorsorglich wurde ein Chirurg samt Gesellen zum Schauplatz abgestellt. Die „Luftreise“ des Herrn Blanchard endete in der Nähe von Boxdorf.

Ein einschneidendes Ereignis in der Geschichte Nürnbergs war jedenfalls 1806 der Verlust der Stellung als Reichsstadt und die Einverleibung in das Königreich Bayern nach dem Einmarsch der französischen Revolutionsarmee. Eine Abstimmung unter den steuerpflichtigen Bürgern hatte eigentlich einen Anschluss an Preußen vorgesehen, in Berlin gab man den Nürnbergern wegen der damaligen hohen städtischen Schulden jedoch eine Abfuhr. So kam die ehemalige Reichsstadt unter die Obhut des Königreichs Bayern. In der Folge wurde sie zum industriellen Herzen Bayerns. Bereits 1822 hieß es in einem Schulbuch: „Die erste Gewerbe-, Manufaktur- und Fabrikstadt in ganz Bayern ist unstreitig Nürnberg.“ Diese Rolle brachte einen Zuzug von Arbeitskräften, von dem nicht zuletzt die Wirtshäuser profitieren konnten.

Eine Beschreibung Nürnbergs aus dem Jahr 1810 nennt unter den Gasthöfen das *Rote Ross*. Hier hatte die französische Truppe während der Besetzung der Stadt 1796 ihr Hauptquartier. Weiter werden der *Rote Hahn*, das *Bitterholz*, der *Radbrunnen*, der *Reichsadler*, der *Schwarze Adler* und die *Goldene Gans* genannt. Das waren zu jener Zeit wohl die besten Häuser. Die Einwohnerzahl wird mit 30.000 angegeben. Für die Zeit um 1820 wird der Zahl der Gaststätten auf 500 geschätzt.

1835 begann dann in Nürnberg auf der Strecke nach Fürth – dank der Finanzierung wohlhabender Bürger und unter dem Jubel des Publikums – die Geschichte der Eisenbahn auf dem europäischen Festland. Das Schienennetz breitete sich sehr schnell über das ganze Land aus. Ein neues Zeitalter der Mobilität begann, und in der Folge bekam die Gasthausszene mit den verbesserten Möglichkeiten zum Reisen neue Impulse. Man kam nun schneller und bequemer von einem Ort zum anderen.

1849 wurde die „Ludwigs-Nord-Süd-Bahn" von Kaufbeuren über Augsburg und Nürnberg nach Bamberg und Hof fertiggestellt. Nach einer Volkszählung hatte Nürnberg in dem genannten Jahr bereits 50.828 Einwohner – doch Eingemeindungen und die Zuwanderung zu den expandierenden Industriebetrieben ließ die Zahl weiter stetig wachsen. 1871 waren es dann schon 83.214.

Die 1853 erschienene *Rundschau in Nürnbergs sozialer Welt* nennt die Namen samt Adressen von rund 300 Wirtshäusern. Angesichts der hohen Bewohnungsdichte der Gebäude verbrachte, wer es sich nur leisten konnte, dort seine Zeit. In einstmals herrschaftlichen Häusern entstanden Massenwohnungen – nach den alten Berichten mussten sich mancherorts sechs Personen ein Zimmer teilen. Die knappen Stundenlöhne lediger Arbeiter reichten nicht für eine Familiengründung aus, wohl aber ab und zu für ein oder zwei Bier.

Bei den Adressen stößt man auf 120 Straßennamen – was die Enge der Besiedlung deutlich macht. Jeweils mehr als ein Dutzend Wirtshäuser fand man in der Königsstraße sowie in der Ludwigsstraße. Mindestens fünf Wirtschaften luden in der Äußeren Laufergasse, Breiten Gasse, am Hallplatz, in der Irrergasse, Jakobstraße, Karolinenstraße, Lammsgasse und am Obstmarkt ein. Auch die Vororte verfügten über eine vergleichbare Infrastruktur. In den Vororten Gostenhof und Wöhrd betrieben jeweils fast ein Dutzend Wirte ihr Geschäft. „Weltweit bekannt" war nach den Angaben der *Rundschau* das *Jammertal* in der Schildgasse. Gäste hatten die Wahl zwischen der *Höllenplatte* auf der Kleinen Insel Schütt und dem *Paradies* in Tafelhof – der Wirt soll Adam und seine Frau Eva geheißen haben. Auf manche Namen stößt man noch heute,

Legenden ranken sich um etliche Orte: Wer schuf zum Beispiel die Altenfurter Rundkapelle?

wie das *Essigbrätlein,* den *Luftsprung* oder die *Baumwolle.* Andere Namen wie der *Floh* in der Kappengasse, die *Käferschachtel* in der Irrerstraße oder die *Gelbe Rübe* in der Katharinengasse zeugen von der Vielfalt der Häuser. Häufig wurden Attribute genutzt: „Golden" waren das Kleeblatt und der Löwe, und es war der Zusatz von noch mehr als 40 anderen Gasthäusern.

Ein Reiseführer für Nürnberg von 1873 unterschied zu dieser Zeit Gasthöfe erster und zweiter Klasse. In der ersten Kategorie, der sieben namentlich genannte Häuser zugeordnet wurden, kostete das Zimmer pro Nacht mindestens einen Gulden, das Frühstück zwischen 30 und 36 Kreuzer und der Mittagstisch zwischen 48 Kreuzer und einem Gulden 12 Kreuzern. Der zweiten Kategorie gehörten fünf Häuser an; dort war ein Zimmer ab 24 Kreuzer zu bekommen. Den Gästen wurden in dem Reiseführer insgesamt sieben Kaffeehäuser und „Restaurationen" empfohlen.

Mittags- und Abendtisch konnte man auch in etlichen Bierhäusern haben. Für „gute Fische" war der *Gundel* beim *Deutschen Haus* bekannt. „Gute Würste zu jeder Tageszeit" bekam man auf jeden Fall im *Glöcklein* an der Moritzkapelle, im *Goldnen Herz* bei der Frauenkirche, im *Elephant* beim Theater und beim *Hermann* unterhalb vom Weißen Turm. Nach den Beschreibungen in der *Rundschau* von 1853 hatten inzwischen aber auch Gartenwirtschaften Hochkonjunktur. An die 30 gab es damals, vom *Rupprechtsgarten* vor dem Frauentor und dem *Adamsgarten* vor dem Laufertor bis zu den *Gärtlein* – eines in der Färbergasse, ein zweites in der Breiten Gasse. Das *Hubertusgärtchen* in der Schildgasse und der *Frauentorzwinger* warben mit einer Kegelbahn um Besucher, in der Schießhütte in der Johannisgasse und im *Schießhaus* in Wöhrd übten die Schützen.

Insgesamt gab es Mitte des 19. Jhs. ein gutes Dutzend „geselliger Vereine", deren Mitglieder nun Treffpunkte brauchten. Das deutsche Vereinswesen als Organisationsform war in der Gesetzgebung von 1848 als Grundrecht verankert worden. Den Wirtshäusern brachte dies überall im deutschen Reich einen enormen Aufschwung, teilweise entstanden spezielle Vereinslokale.

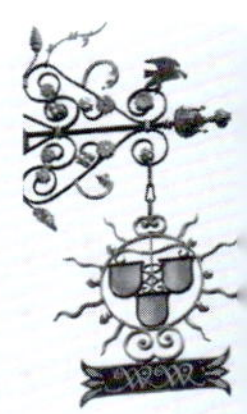

Attraktive Preise für die Schützen

Zu den „Belustigungen", die Gäste in die Stadt zogen, zählten Schützenfeste. Das erste überlieferte Festschießen fand am 25. August 1433 statt, „wozu schon damals aus einer großen Zahl süddeutscher Städte Teilnehmer kamen", wie es in einem Bericht hieß. Der Stadtrat lockte mit Preisen wie einem Ochsen, einem Pferd sowie silbernen Pokalen und Schalen für die besten Schützen. 1462 ließ der damalige Stadtbaumeister Endres Tucher eine „Schießhütte" für die Büchsenschützen hinter der Kirche von St. Johannis errichten. Unabhängig davon fanden Armbrustschießen im Burggraben statt. Zu treffen war ein ausgestopfter Vogel, der auf einer Stange befestigt war. Die Armbrust bezeichnete man auch als „Schnepper" – erstmals wurden die „Schnepperschützen" in den Urkunden um 1500 erwähnt. Eine kleine Gartenkolonie im Burggraben hinter dem Tiergärtnertor erinnert noch heute an sie.

Wettbewerbe aller Art zogen Gäste an: Beim Schachturnier 1896 ging es um Meisterwürden.

Gut besucht war offenbar der *Spittlertorzwinger*, nach zeitgenössischen Beschreibungen ein „öfters brillant beleuchteter Vergnügungsort, in welchem sich heimische und fremde Musiker produzieren". Ein Vergnügungsort vorzugsweise für die Damenwelt war das *Belvedere* oberhalb des Wöhrder Tores. Die Arbeiterschaft suchte nach Zerstreuung, und auch der Charme der Bourgeoisie wollte in der aufblühenden Industriestadt Nürnberg eine Bühne haben.

Von „höchsten Herrschaften besucht" wurde das *Rote Roß* am Weinmarkt, ebenso der *Bayerische Hof* in der Karlstraße. Ein Gasthof „ersten Ranges" war der *Walfisch* in der Ludwigstraße, ebenso der *Rote Hahn* in der Königstraße und der *Kronprinz* in Gostenhof. Stark besucht waren die *Himmelsleiter* in der Karolinensraße, der *Burggraf* am Theresienplatz, das *Rote Kreuz* in der Peuntgasse, die *Blaue Flasche* am Hallplatz, die *Goldene Eiche* und der *Kranich* in der Karolinenstraße sowie der *Grüne Jäger* in der Hirschelgasse. Wer vorzügliche Weine suchte, war nach zeitgenössischen Angaben im *Goldenen Reh* am Maxplatz richtig.

Und immer wieder kamen neue gastliche Angebote hinzu. Ein „Restaurant ersten Ranges“ war dem *Hercules-Velodrom* angeschlossen, das im März 1899 eröffnet wurde und der Förderung des Radsports diente. Ein Theater- und Varietéprogramm bot die *Wolfsschlucht* in der Johannisgasse – der Münchner Komiker Karl Valentin trat hier erstmals außerhalb seiner Heimatstadt auf, und Stücke von Frank Wedekind und Berthold Brecht, die im hier angeschlossenen „Intimen Theater“ zur Aufführung kamen, sorgten über die Stadtgrenzen hinaus für Aufsehen.

Gute Umsätze machten die Wirte der Bierhallen und -gärten anlässlich der Bayerischen Landesausstellungen, die in den Jahren 1882, 1896 und 1906 in Nürnberg stattfanden. Zu Letzterer, bei der nebenbei die 100-jährige Zugehörigkeit Nürnbergs zu Bayern gefeiert wurde, kamen nach zeitgenössischen Angaben rund 2,5 Millionen Besucher. Die Geschichte der Volksfeste in der Stadt geht übrigens bis 1826 zurück: Den Anlass dazu hatte der Geburtstag des bayerischen Königs Ludwigs I. gegeben. Nürnberg gehörte damals gerade einmal seit 20 Jahren zu Bayern.

Geschichte wurde 1894 im *Sächsischen Hof* in Nürnberg geschrieben: Am 23. April jenen Jahres versammelten sich dort zwischen 900 und 1000 Personen. Auf der Tagesordnung stand die Einrichtung des ersten Arbeitersekretariats der Gewerkschaften in Deutschland. Doch die Polizei griff ein. Frauen und Minderjährige sollten nicht teilnehmen dürfen. Die Zusammenkunft wurde aufgelöst. Fünf Tage später wurde eine zweite Versammlung abgehalten. Dieses Mal blieb sie – ohne Frauen – ungestört, und Einzelheiten der Sekretariatsgründung konnten geklärt werden. Schon im ersten Jahr bekamen mehr als 6800 Arbeiter in der Einrichtung Rat und Hilfe. Es war ein wichtiger Schritt für die Entwicklung der Arbeiterbewegung.

Bier und Wein statt Wasser

Viel Nachschub für durstige Kehlen

„Die Bierbrauerei gehörte zu den vornehmsten Gewerben in Nürnberg“, ist in einer Stadtgeschichte aus dem 19. Jh. zu lesen. Und: „Das Nürnberger Bier war wie jetzt, so auch ehedem, sehr berühmt.“ So wundert es nicht, dass nach den Quellen zwei Fässer Bier von der Brauerei Lederer am 11. Juli 1836 das erste Frachtgut waren, das mit der Eisenbahn zwischen Nürnberg und Fürth transportiert wurde. Dank der neuen Technik konnte sich der Gerstensaft über die Grenzen der Städte hinaus verbreiten, in denen die Brauer ihrem Gewerbe nachgingen. Noch 1880 stand Nürnberg mit 173.000 Hektolitern an der Spitze des bayerischen Bierexports.

Eine der ältesten Darstellungen eines Brauers findet man an der Schwelle vom 14. zum 15. Jh. Das Gewerbe war straff geordnet. In den *Hausbüchern der Nürnberger Zwölfbrüderstiftungen* taucht Hertel Pyrprew mit einer Braupfanne auf. Er ging um 1400 seinem Gewerbe nach.

Grundlage für den ganzen Tag

Die Nachfrage war groß: Die Menge des Bierkonsums summierte sich im 15. Jh. auf rund 200 Liter pro Jahr und Kopf. Das war etwa doppelt so viel wie heute – wobei das Getränk damals sehr viel weniger Alkoholgehalt aufwies als heute. Biersuppe zum Frühstück war für viele Menschen vor dem Siegeszug des Kaffees quasi die Ernährungsgrundlage für den ganzen Tag. Man gab, je nach Verfügbarkeit, zum gerne aufgewärmten Bier Brotwürfel, vielleicht Milch oder Eier, Salz und andere Gewürze hinzu.

Zeugnis großer Fertigkeit: Ein Brauerstern ziert einen Grabstein auf dem Rochus-Friedhof.

Bier und Wein wurden im Mittelalter und in der Frühen Neuzeit in deutschen Landen zum Alltagsgetränk für jedermann. Während das billigere Bier besonders für das ärmere Volk gedacht war, wurde der Wein von den wohlhabenderen Leuten bevorzugt. Berechnungen aus den Daten alter Haushaltsbücher kommen zum Ergebnis, dass die betuchteren Nürnberger Bürger täglich im Durchschnitt 1,3 Liter Wein tranken. Hochrechnungen der Angaben im Haushaltsbuch des Anton Tucher ergeben, dass in dessen Haus am Heumarkt in den Jahren 1507 und 1508 jeweils rund 6300 Liter Wein verschiedener Herkunft konsumiert wurden. Die Kosten addierten sich auf 81 Gulden – damals ein stattlicher Betrag. Dazu kamen 8250 Liter Bier, zu einem Preis von addiert 33 Gulden. Bei letzterem Getränk war Tucher Stammkunde des Braumeisters Hermann Goller. 1509 summierte sich der Konsum Tuchers auf über 7000 Liter Wein und 8100 Liter Bier. Das tranken nicht nur die Hausbewohner, sondern sicherlich auch viele Gäste. Die beiden Getränke machten 1508 rund 12 Prozent und 1509 etwa 15 Prozent der jährlichen Unkosten des Haushalts aus. Tucher konnte es sich leisten – er war ein vermögender und angesehener Kaufmann. Unter anderem war er Auftraggeber des Veit Stoß, um den „Englischen Gruß“ in der Lorenzkirche zu fertigen.

Dass Wein sehr viel teurer als Bier war, erklärt sich aus den unterschiedlich langen Lieferwegen: Bier wurde vor Ort gebraut, Wein kam von weit her. Zu den Transportkosten kamen Zollzahlungen hinzu, von den Fürsten auf den Wegen erhoben, durch die die Fuhrwerke ziehen mussten.

Obwohl der Alkoholgehalt von Wein und Bier damals niedriger war als heute, wurde gerne, wie es heißt, über den Durst getrunken. Etliche Schriften schon des 16. Jhs. warnten vor dem „gräulichen Laster der Trunkenheit“ und prangerten das gesellige „Zutrinken“ an. Der Volksmund sprach bei fleißigen Zechern von einem Rebenhans, einem Trunkenpotz oder einem Weinschlauch.

Wasser war damals keine Alternative, um den Flüssigkeitsbedarf der Menschen zu decken: Es war kaum genießbar, denn das Wasser war im Mittelalter und in der Frühen Neuzeit mangels tauglicher Aufbereitungstechniken alles andere als sauber. Deshalb tranken bereits die Jüngsten Bier und Wein: Chronisten berichten von einem Kinderfest in Nürnberg im Jahr 1487, bei dem Kaiser Friedrich III. die Kleinen nicht nur zu Lebkuchen und Fladen, sondern auch zu Wein und Bier einlud.

Zeugnisse des Bierbrauens sind bereits aus dem Alten Orient überliefert. Archäologen fanden an verschiedenen Orten des Alten Ägypten Spuren von Brauanlagen, und in etlichen Gräbern entdeckten sie Darstellungen vom Bierbrauen. Ob das Gebräu, das dabei herauskam, nach den Standards heutiger Geschmäcker als Bier identifiziert würde, ist freilich zu bezweifeln.

Auch das Symbol des Brauersterns hat seinen Ursprung im Orient. Der Zusammenhang zwischen dem sechszackigen Stern (einem Hexagramm) und dem Bierbrauen wurde in Europa erstmals durch eine Zeichnung aus Nürnberg hergestellt: im *Hausbuch der Mendel'schen Zwölfbrüderstiftung*, das um 1425 entstand. Als Schankzeichen wurde es immer dann aufgehängt, wenn frisches Bier zum Ausschank kam. Das diente einer Bevölkerung, die mehrheitlich weder lesen noch schreiben konnte, als Wegweiser zum Bier.

Rohstoff vom Getreidemarkt

Um 1300 kostete das Viertel Bier drei Heller. Genauere Vorschriften nicht nur für den Preis, sondern generell für das Bierbrauen erließ der Stadtrat von Nürnberg Anfang des 14. Jhs. Es solle nur Gerste verwendet werden, hieß es unter anderem, denn Dinkel, Roggen und Weizen sollten den Bäckern zum Brotbacken vorbehalten sein; Gerste war dafür vergleichsweise weniger geeignet. Der Rohstoff musste auf dem Getreidemarkt eingekauft werden. In der Reichsstadt Nürnberg kam damit viel früher als im Königreich Bayern mit dem viel gerühmten bayerischen Reinheitsgebot von 1516 ein Reinheitsgebot in Anwendung. Letzteres wurde in Nürnberg erst wirksam, als die Reichsstadt 1806 im Zuge der staatlichen Neuordnung ihre Eigenständigkeit verlor und zu einem Teil des Königreiches Bayern wurde.

Hopfen kam erst ab dem 12. Jh. als Zutat zum Bier hinzu. Es ersetzte zuvor verwendete Kräutermischungen und sollte das Getränk haltbarer, schmackhafter und gesünder machen. Nürnberg stieg in den Kreis der Hopfenhandelsstädte auf. Aus der Mitte des 14. Jhs. ist ein Hopfenmessereid überliefert. Orte wie Altdorf, Hersbruck, Lauf oder Spalt, in deren Umgebung der Hopfen angebaut wurde, gewannen zunehmend an Bedeutung. Experten priesen den fränkischen Hopfen als gleichwertig mit dem böhmischen, dem beste Qualität nachgesagt wurde. Nürnberg selbst wurde erst nach der territorialen Zuordnung zu Bayern 1806 wieder zu einem Zentrum des Hopfenhandels.

Ab 1817 exportierte man von Nürnberg aus Hopfen. 1866 wurden im zweiten Halbjahr vom Bahnhof aus 94.573 Zentner versandt, berichtete die in Nürnberg erschienene *Allgemeine Hopfen-Zeitung* als das „Organ der bayerischen Bierbrauerei“. In einem *Nürnberger Geschäfts-Taschenbuch für Hopfenhändler, Bierbrauer, Produzenten und Geschäftsleute* aus dem Jahr 1869 stößt man auf die Namen von 114 Hopfenhändlern. Auf der Liste der Brauereien in der Stadt standen zu jener Zeit 24 Unternehmen. Zeitgenossen sprachen gar von Nürnberg als dem bedeutendsten Hopfenmarkt der Welt.

Ursprünglich unterschied man zwischen Sommer- und Winterbier, später zwischen braunem (dunklem) und weißem (hellem)

Umschlagplatz für begehrte Ware: Der Hopfenmarkt in Nürnberg war laut Zeitgenossen einer der bedeutendsten der Welt.

Bier. Die vielen Brunnen der Stadt waren eine günstige Voraussetzung für das Brauen. 1594 wurden insgesamt 118 Brunnen gezählt, die von Brunnenmeistern errichtet wurden – ein spezieller Beruf, der aus dem des Zimmermanns hervorging.

Zunächst durfte nur derjenige Bier ausschenken, der Bier braute. Natürlich war eine entsprechende Steuer zu zahlen. Das „Ungeld" dafür war eine gute Einnahmequelle des Stadtrats. Es war eine drastische Maßnahme, als der Rat 1566 das Ungeld auf das Bier auf einen Schlag verdoppelte.

Der Verkauf von importiertem Bier war anfangs verboten. Die Brauleute – übrigens nicht nur Männer, sondern auch Frauen – hatten einen Keller zu unterhalten, in dem das Bier gären und kühl aufbewahrt werden konnte, wie eine Verordnung aus dem Jahr 1580 festlegte. Dieses Kellersystem war der Kern der Nürnberger Felsengänge.

Bier wurde außerdem in den Klöstern im Stadtgebiet wie dem der Barfüßer gebraut. Die Benediktiner sollen bis zu 4500 „Eimer" im Jahr verkauft haben. Dennoch war das Bier zeitweise ein knappes Gut. 1449 wurden die Brauer vom Stadtrat ermahnt, genügend

Gerstensaft herzustellen. Wegen der großen Bedeutung dieses Getränks für die Ernährung der Bevölkerung sah es dieses Gremium schließlich als seine Pflicht an, die Versorgung durch eine kommunale Brauwirtschaft zu sichern – das Bier sollte billig bleiben, billiger als Wein, und es sollte zugleich eine gute Qualität haben. Das war nicht selbstverständlich, denn immer wieder verstießen Brauer gegen die Vorschriften – und sei es, dass sie zu viel Wasser zugossen. Keime in der Gerste oder im Malz führten immer wieder zu Erkrankungen. Wer schlecht einschenkte, der hatte übrigens mit drastischen Strafen zu rechnen.

Konkret war es die Aufgabe von „Bierherren", auch Bierkieser genannt, die Qualität zu kontrollieren. Berichtet wird unter anderem von einer „Unart", Bier mit dem Saft von Zwiebeln zu strecken. 1609 führte „Hutzelwasser" aus dem Absud von getrockneten Früchten, das als Bier verkauft wurde, zu Klagen. So leicht ließen sich die Nürnberger Wirtshausbesucher offenbar nicht über's Ohr hauen.

Nach den Hinweisen könnte es bereits 1443 einen von der Stadt angestellten Braumeister gegeben haben. 1469 schrieb jedenfalls der Stadtrat den Betrieb eines eigenen Brauhauses aus. Zwei Jahre später nahm dieses sogenannte Herrenbrauhaus den Betrieb in der Nähe des sogenannten Hieserleinbrunnens am Unschlittplatz auf. Es brannte 1481 ab, der Neubau fiel 1506 einem weiteren Feuer zum Opfer – weshalb diese städtische Aktivität zunächst eingestellt wurde. Zu jener Zeit erschien der Nachschub inzwischen als weitgehend gesichert. 1579 wurden in Nürnberg immerhin 42 verschiedene Braustätten gezählt.

Das Knowhow für Weizenbier stammte vermutlich aus den Niederlanden. Die erste Lizenz, Bier nach dortiger Art zu brauen, wurde 1530 vergeben. Ein solches Getränk kam aber bei der Kundschaft zunächst nicht sonderlich an. 1629 fing man nach den Quellen „an, fremdes Bier auf dem Markt zu schenken; es dauerte aber nicht lange". Noch einmal stieg die Stadt Nürnberg nun selber in das Geschäft mit Bier ein. Ab 1643 ließ der Stadtrat im Heilig-Geist-Spital Weizenbier „auf baierische Manier" herstellen. Die Maß kostete anfangs fünf Kreuzer. 1671 entstand ein Weizenbrauhaus, das

Mehr Vielfalt im Biergeschäft: 1671 entstand das Weizenbrauhaus.

ein Jahr später den Betrieb aufnahm. Es wurde von der Freiherr von Tucher'schen Bierbrauerei benutzt. 1672 gilt deshalb als das Gründungsdatum der Tucher-Brauerei. Als einer der frühen Wirte, bei denen es Weizenbier gab, ist Conrad Haußnerr bekannt.

Ende des 17. Jhs. kam es zu einem heftigen Rechtsstreit zwischen dem Stadtrat und allen ansässigen Bierbrauern. Den Anlass lieferten Pläne der Stadt für ein eigenes kommunales Rotbierbrauhaus. Sogar der kaiserliche Reichsgerichtshof wurde in die Kontroverse einbezogen. Nach zehn Jahren endete die Auseinandersetzung mit einer Neuordnung des Brauereiwesens in der Stadt.

In den politischen Wirren nach der Französischen Revolution in Europa – kurz vor dem Einmarsch der französischen Revolutionsarmee – bewies der Stadtrat noch einmal seine Fürsorge für die Bürger: Am 14. April 1795 verfügte er, den Bierpreis von 14 auf 12 Pfennige zu senken, um der „lieben Bürgerschaft" wohlfeiles Bier zu verschaffen.

Eine Nebenerscheinung der Brautradition war der Aufschwung von Handwerkszweigen wie dem der Fassmacher bzw. Küfer, Büttner

Krawall um's Bier

Zu den Ereignissen des Jahres 1866 zählt der sogenannte Nürnberger Bierkrawall. Die Brauer hatten den Preis für eine Maß von fünf auf sechs Kreuzer erhöht. Die Wirte schlugen noch mehr drauf, sodass die Maß für die Gäste jetzt acht Kreuzer kostete. Das war für die Volksseele zu viel: Der Protest ging am 1. Mai von Soldaten eines Reiterregiments aus, denen sich rasch andere Bürger der Stadt anschlossen. Vor mehreren Wirtshäusern kam es zu Protestversammlungen. Es gab einen Toten und 22 Verletzte. Die Preiserhöhung wurde dann zurückgenommen und in Nürnberg kehrte wieder Ruhe ein.

und Fassbinder. In den *Hausbüchern der Nürnberger Zwölfbrüderstiftungen* wird als ältester Vertreter eines Niclas Pütner gedacht, der vor 1414 starb. Ein anderes Handwerk, das den Ausschank ermöglichte, war die Kannengießerei. Zinn war das bevorzugte Material, das man zu Kannen formte. Eine Zeichnung von 1650 zeigt einen Nürnberger Zapfhahnmacher mit dem Namen Hanß Eckerth.

Nürnberg als Weinregion

Bier war das eine, Wein das andere Getränk, um im Alltag den Durst zu stillen. Die Empfehlungen für die Verwendung von Weinsud in den alten Rezeptbüchern und die detaillierten Regelungen für den Betrieb am Weinmarkt zeugen von der Bedeutung des Weins schon im Mittelalter und in der Frühen Neuzeit – nicht nur zum Trinken, sondern auch bei der Zubereitung von Speisen. Der Wein musste in Nürnberg in großen Mengen importiert werden. Historiker bezeichneten die Stadt als zentralen Umschlagplatz für den Weinhandel im Mittelalter.

Der meiste Wein, der in der Stadt ausgeschenkt und getrunken wurde, stammte von den Anbaugebieten an Main, Rhein und Neckar oder an der Tauber. Die ältesten Dokumente, die den Weinanbau in Franken erwähnen, reichen bis ins 8. Jh. zurück. Wahrscheinlich hatten bereits die Römer Rebstöcke über die Alpen

Ein Lager hinter Fachwerk

Der Weinstadel zählt zu den meistbeachteten Fotomotiven in Nürnberg – schließlich ist das 48 Meter lange Gebäude der längste Fachwerkbau in Deutschland. Man brauchte die Fläche, denn ab 1571 war hier im Erdgeschoss das reichsstädtische Weinlager eingerichtet. Einer aus dem Jahr 1612 erhalten gebliebenen Anordnung des Stadtrates zufolge hatten Fuhrleute, die hier Wein einlagerten, eine Gebühr von vier Pfennigen zu zahlen. Der Weinstadel war bereits zwischen 1446 und 1448 außerhalb der damaligen Stadtbefestigung erbaut worden und diente zunächst während der Karwoche zur Speisung der Leprakranken (Sondersiechen) in Nürnberg. Später waren hier Handwerker und arme Familien untergebracht. Heute dient es als Studentenwohnheim.

gebracht. Große Besitzungen an Weinbergen hatten insbesondere die Würzburger und die Bamberger Bischöfe. Nach einer Urkunde aus dem Jahr 1373 gingen in den Vorstädten von Würzburg zehn Genossenschaften der Weingärtner ihrem Gewerbe nach.

Manche Importe kamen aus ferneren Gebieten wie dem Elsass, Österreich oder Istrien. Als besonders guten Jahrgang österreichischen Weins nennen die Quellen 1499. Fünf Eimer davon kosteten einen Gulden, ein Fass sieben Gulden.

Der Wein wurde während der Anfangszeit der Reformation in Nürnberg vorübergehend in Kirchen gelagert. Ab 1571 diente dazu das Erdgeschoss des Weinstadels – das Gebäude war ursprünglich zur Unterbringung und Speisung von Leprakranken errichtet worden.

Zeitweise war Nürnberg selbst ein Weinanbaugebiet – allerdings wohl nicht vor dem 14. Jh. Schließlich hatte Friedrich II. 1219 Nürnberg unter anderem deshalb einen Freiheitsbrief ausgestellt, weil die Stadt keinen eigenen Weinanbau hätte. Das steht allerdings im Widerspruch zu den Angaben des Chronisten Müllner, dass zu manchen Jahren des 12. Jhs. Wein im Überfluss gewonnen worden sei. 1166 sei es so viel gewesen, dass Kalk für den Hausbau mit Wein statt mit Wasser verrührt worden sei, heißt es dazu – was immer man unter dem Begriff „Wein" in diesem Zusammenhang verstand.

Im Umkreis der Stadt lagen nach einer Aufzählung aus dem Jahr 1451 insgesamt fünf Weingärten. Als Winzer tauchen in den

Den Platzbedarf der Händler gedeckt: Der Weinstadel diente lange Zeit als Lager.

Hausbüchern der Nürnberger Zwölfbrüderstiftungen zu jener Zeit Hans Ledrer und Frantz Weingartman auf. Der eine starb vor 1414, der andere vor 1423. Ein Berufskollege mit dem Namen Fritz Rugenstein verschied im August 1508. Ein Weingarten wurde 1403 in Schniegling betrieben, ein anderer wurde seit 1418 von Konrad Paumgartner bewirtschaftet; einen fand man auf dem Gebiet von Fürth, einen weiteren bei Wöhrd. Im weiteren Umkreis ist Weinhof – heute ein Stadtteil von Altdorf – zu nennen. Der Hof wurde 1481 erstmals erwähnt und war zeitweise in Nürnberger Besitz.

Einer der Nürnberger Weingärten wurde unterhalb des Burgfelsens gepflegt. Noch 1559 legte Jakob Muffel hinter dem Tiergärtnertor einen neuen kleinen Weingarten an. Er hat „sogleich im ersten Jahr Frucht getragen", heißt es in einer alten Chronik. In der Fränkischen Schweiz waren 1555 insgesamt 55 Weinbauern gegenüber dem Bamberger Bischof abgabenpflichtig. Der Weinanbau auf dem Gebiet von Nürnberg und seinem Umland endete allerdings mit dem Dreißigjährigen Krieg. Damals waren in ganz Franken die Weinbaugebiete verwüstet, vielerorts Rebstöcke als Brennholz verwendet worden.

Nötig gewordene Importe der flüssigen Ware hatten oft einen langen Weg hinter sich. Der Wein war natürlich umso teurer, je weiter entfernt das Anbaugebiet lag. Lieferanten mussten ihre Wagen mit den Fässern direkt zum Weinmarkt fahren, der einmal in der Woche stattfand. Dort herrschte ein reges Treiben, ebenso in den umliegenden Gassen. Der Begriff Weinmarkt stand für ein ganzes Stadtviertel, ähnlich dem Egidienviertel. Für die verschiedenen Weinsorten waren spezielle Standflächen ausgewiesen.

Einweisung für die Ablader

Der Weinhandel beschäftigte viele Personen. Es gab eine genau vorgeschriebene Arbeitsteilung: Nach der Ankunft der Fuhrwagen waren zunächst die „Weinführer" dafür verantwortlich, dass die Ablader die Fässer am richtigen Stellplatz hinstellten. Wein aus der

Viel Gedränge um den Wein

Nach und nach wurden verbindliche Verkaufszeiten festgelegt. In den ausführlichen Vorschriften hieß es: Alle Amtspersonen, die mit dem Weinverkauf zu tun hatten, sollten nicht selber davon trinken dürfen. Gegenstand der Verordnung waren außerdem verschiedene Gebühren, die die Fuhrleute zu zahlen hatten. Die Bestimmungen wurden über die Jahre hinweg immer wieder erneuert.

Die Verordnungen halfen jedoch offensichtlich nicht viel. In einer Chronik heißt es unter dem Jahr 1603: „Am 29. September war so viel neuer Wein angekommen, dass vom Haller Türlein bis an das Siechhaus drei Reihen mit Wägen und Karren standen." Unter den erhalten gebliebenen Dokumenten befindet sich eine Ordnung über den Verkauf am Weinmarkt aus dem Jahr 1612, die erneut die Unordnung und das häufige „Gedräng" auf dem Platz beklagte.

1482 wurde das *Kitzinger Weingesetz* erlassen, um gegen die weit verbreitete Weinpanscherei vorzugehen. Zur Verabschiedung trafen sich in Kitzingen die Nürnberger Ratsherren mit Vertretern der fränkischen Bistümer und Fürstentümer. Die Bestimmungen waren im Raum zwischen Bodensee und Sachsen verbindlich.

Rheingegend und aus dem Elsass sollte beispielsweise rund um die St. Sebaldus-Kirche angeboten werden können – wobei darauf zu achten war, dass die Kirchentüren nicht von den Fuhrwerken verstellt wurden, wie es ausdrücklich hieß. Frankenwein konnte rund um den Brunnen bei der Wirtschaft *Zum Wildenmann* bis hin zum Saumarkt angeboten werden.

Nach alten Berichten steuerten einmal an einem einzigen Markttag bis zu hundert Wagen mit Weinfässern diesen Umschlagplatz an. So beklagte eine *Verneuerte Ordnung am Weinmarckt* im Jahre 1596 „allerley Unodnung" und „Gedreng" an diesem Ort. Es war dafür zu sorgen, dass Passanten noch in die Häuser dahinter gelangen und Reiter die engen Gassen passieren konnten. Offensichtlich versuchten manche Gastwirte, die Fuhrwagen schon vor dem Eintreffen am Markt abzufangen.

Am Weinmarkt maßen nach dem Abladen sogenannte Visierer mit speziellen Messstäben die Flüssigkeitsmengen in den angelieferten Fässern – geeichte Fässer gab es damals noch nicht. Der Wein wurde dabei gekostet, die Fässer wurden anschließend wieder versiegelt und die Daten der Finanzbehörde zur Festsetzung der Steuer – des Ungeldes – übermittelt. Dieses Geld war ein nicht unbeträchtlicher Beitrag zu den städtischen Einnahmen. Es war den Visierern verboten, selber mit Wein zu handeln oder diesen auszuschenken.

Ein erhalten gebliebenes *Weinkaufbüchlein* aus dem Jahr 1528 gab den Visierern Anleitungen, wie sie den Verkaufspreis festzusetzen hatten. Diese Regulierungen schoben der Teuerung einen Riegel vor. Eine solche Verordnung von 1623, also aus der Zeit des Dreißigjährigen Krieges, stellte fest, dass wohl manche Wirte in den Jahren zuvor „aus lauter Geiz" Wein in großen Mengen günstig eingekauft hätten, um ihn jetzt, in Zeiten der Verknappung, teuer zu verkaufen. Der Wein dürfe jedoch den Gästen nicht höher verrechnet werden, hieß es in der Verordnung.

Das genannte Büchlein schrieb zudem spezielle Symbole für die Mengen vor, die die Fässer enthielten. Die gebräuchliche Maßeinheit beim weiteren Weinhandel waren „Eimer". Einmal in jeder Woche hatten die Weinhändler einem „Keller-Amtmann" zur Berechnung der Steuer eine Abrechnung über die verkauften Fässer vorzulegen.

In der Regel durfte in einer Wirtschaft nur jeweils eine Weinsorte ausgeschenkt werden. Wenn ein Wirt ein neues Fass öffnen wollte, musste er zunächst wegen der Steuer einen amtlichen „Anstecher" rufen. Bevor Gastwirte den Wein verkaufen durften, mussten sie ihn noch von einem Weinkieser probieren lassen. Auch mussten die Wirte auf den Weinverkauf ein Ungeld zahlen.

Schließlich waren noch „Weinrufer" zu Gange. Ihre Aufgabe erschließt sich aus dem Eid, den sie zu leisten hatten. Er begann mit der Vorschrift: „Auch sollen die Weinrufer schwören zu den Heiligen, dass sie alle Tage zwei- oder einmal zum mindesten umgehen, so weit die Stadt ist, in alle Häuser und Keller da man ausschenkt …" Sie gaben die verordneten Preise bekannt.

Der Weinhandel hatte nicht nur die Versorgung der Nürnberger Bevölkerung zum Ziel – die von hier abfahrenden Kaufmannszüge

Belustigung fürs Volk: Ein Papst war Mittelpunkt beim „Urbanreiten".

Ritt von einer Wirtsstube zur anderen

Im 16. und 17. Jh. zählte das sogenannte Urbanreiten im Frühjahr zu den Volksbelustigungen – benannt nach dem heiliggesprochenen Papst Urban I. Ursprünglich ist zwar Urban von Langres der Schutzpatron der Weinbauern – der Heilige soll sich vor seinen Verfolgern hinter einem Weinstock versteckt haben, weshalb er in der christlichen Ikonographie oft mit Trauben oder einem Weinstock dargestellt wird; sein Gedenktag ist der 3. April –, oftmals aber wurde und wird er mit Papst Urban I. verwechselt, dessen am 25. Mai gedacht wird.

Beim Urbanreiten ritt ein Weinausrufer, mit einem Tannenbaum, der mit Spiegeln und Flaschen behangen war, von Wirtsstube zu Wirtsstube. Kollegen folgten ihm, und sie „bezechten sich reichlich", heißt es in den Beschreibungen. Die Spieglein warf er unter das Volk, am Ende warf man den Mann in einen Wassertrog oder übergoss ihn und sein Pferd aus den Fenstern der umliegenden Häuser heraus – je nachdem, ob es an dem Tag regnete oder nicht, was dem Volksglauben nach ein gutes oder schlechtes Jahr für den Weinbau bedeutete.

hatten auch Weinlieferungen in andere Zielgebiete auf ihren Fuhrwagen. Die Stadt galt als eine Drehscheibe für den Handel mit italienischen und spanischen Weinen sowie mit solchen aus dem Elsass.

Eine Erwähnung ist die *Stiftung zum goldenen Trunk* wert, die der Tuchmacher und Ratsherr Fritz Haimendörfer ins Leben rief: In seinem Testament aus dem Jahr 1406 bestimmte er, dass 1200 Gulden angelegt werden sollten, damit von den Zinsen „im Herbst oder zu anderer bequemen Zeit“ Wein gekauft werde, um diesen „den armen siechen Menschen im neuen Spital“ wöchentlich montags, mittwochs und freitags auszuteilen, soweit der Vorrat reiche. Andere „gutherzige Personen“ schlossen sich an, sodass das Grundkapital bis 1460 auf 2260 Gulden wuchs. Als letzter Verwalter der Stiftung taucht 1516 ein Peter Imhof in den Quellen auf.

Trotz aller Kontrollen gab es immer wieder Panscher – Fachleute bezeichnen das 15. Jh. als das Jahrhundert der Weinskandale. Wenn die Panscher ertappt wurden, drohte ihnen eine harte Bestrafung. In den meisten, harmloseren Fällen vermischten solche Übeltäter den Wein mit Wasser. Zur Aromatisierung versetzten einige dieser Betrüger das Getränk z. B. mit Brennesselwurzeln, Senfkörnern oder Speck.

Abenteuerlich klingen die Empfehlungen, die ein in Nürnberg gedrucktes Buch mit dem Titel *Der zu allerley guten Geträncken treuhertzig-anweisende, wohlerfahrne und curiose Keller-Meister* noch 1710 gab. In 37 Vorschlägen für einen „Wein-Einschlag“ stand Schwefel im Mittelpunkt. Dazu kamen Gewürzmischungen. Als Zutaten tauchten Muskat, Nelken, Weihrauch, Anis, Ingwer und Lorbeer ebenso auf wie Zitronenschalen, Rosmarin, Sonnenblumen und Holunderblüten – je nachdem, ob der Wein lieblich werden, einen guten Geruch, eine schöne Farbe bekommen oder ob er haltbarer gemacht werden sollte. Eine Schrift, die 1705 in Nürnberg erschien, wusste Rat, wie man trüb gewordenen Wein wieder hell werden lassen konnte: durch Zugabe von Eiweiß, Salz, Mehl und Sand.

Schlechten Wein nannte man allgemein Schmierwein. In den alten Dokumenten taucht 1409 ein gewisser Hermann Echter als ein überführter Weinschmierer auf. Für fünf Jahre wurde er aus der Stadt verbannt. Was später aus ihm wurde, ist nicht überliefert.

Kein Pardon für Weinpanscher: Schlechte Ware wurde abgesondert.

Im März 1576 flog eine regelrechte Verschwörung auf: Vier Visierer hatten sich mit einer Reihe von Wirten zum Betrug verbündet. Der Schaden für die Stadtkasse durch falsche Messdaten war enorm. Nachdem die Untat entdeckt wurde, entschieden die Richter: Die Visierer wurden mit Ruten ausgepeitscht, außerdem wurden ihnen die Finger abgehauen – weil sie mit diesen einen Amtseid geschworen, dann aber nachweislich gebrochen hatten. 80 Wirte, so ist in einer alten Chronik nachzulesen, hatten von dem Betrug profitieren wollen. Wie viel die Wirte den Visierern gezahlt hatten, ist nicht überliefert. Jedenfalls wurden die Wirte für ihr Vergehen zu Geldstrafen zwischen 50 und 1000 Gulden verurteilt. In die Stadtkasse flossen bei diesem Anlass 14.000 Gulden an Strafzahlungen.

1586 erließ der Stadtrat ein weiteres Mal ein Verbot, mit schädlichen Zutaten versehenen Wein in die Stadt zu bringen. Dieses Mal wurden ausdrücklich Asche, Senf, Senfkörner, Speck, Scharlachkaut „oder dergleichen“ genannt, aber auch Wasser und Milch. Schlechter Wein wurde, ebenso wie schlechtes Bier, bei der Fleischbrücke kurzerhand in die Pegnitz gegossen. Viele Bürger in der Stadt bekamen die Verstöße gegen die Vorschriften mit, denn dem Wagen mit den Fässern auf der Fahrt zum Fluss ging ein Henkersknecht voran, der „Löw“, und schlug kräftig auf eine Trommel, um die Bürger auf den Vorgang aufmerksam zu machen. Über den letzten Fall einer „Weinverfälschung“, vorgenommen „mit Farben“ durch den Wirt zum *Goldenen Ochsen,* berichten die Polizeiakten aus dem Jahr 1805, kurz vor dem Anschluss Nürnbergs an Bayern.

Die Pegnitz war überhaupt der Ort, an dem vieles entsorgt wurde. Vom „Schweinemist“ wird noch die Rede sein. Am 11. April 1620 landeten nach den alten Chroniken auch zwei Tonnen Heringe, „welche wurmig geworden und verdorben“, im Fluss. Das Salzwasser dorthin zu gießen, in dem die Heringe transportiert und feilgeboten worden waren, war ausdrücklich vorgeschrieben. Aus Verboten ist zu folgern, dass manches verdorbene Obst und Gemüse ebenfalls in der Pegnitz versank. Wenn beim Schlachten einer Kuh ein ungeborenes Kalb entdeckt wurde, warf man es von der Fleischbrücke aus oft ebenfalls einfach in den Fluss. Die Pegnitz relativ sauber zu halten, wurde erst am Anfang des 18. Jhs. zum Thema. Es gab ja andere Möglichkeiten einer Entsorgung. Bald ging so manches in Rauch auf: Sieben Fässer Schmalz, „so mit Unschlitt und anderen Materialien gefälscht“, wurden schon 1593 öffentlich auf dem Marktplatz verbrannt.

Streit um den „Türkentrank“

Ein Zuckerbäcker als Kaffee-Pionier

„Der Kaffe bringt die Lebensgeister in schnelle Bewegung, macht daher heiter, lebhaft munter und aufgeräumt, und hat aus dieser Ursache mit dem Wein den Ruhm, die Sorgen zu verscheuchen, getheilt … In Deutschland trinkt schon die dritte Generation Kaffe, wir haben also schon einen an den Kaffegenuss von unseren Vorvätern gewöhnten Körper.“ So pries es 1799 der unbekannte Verfasser des Buches *Deutschlands Goldgrube* an. Es war zeitgemäße Werbung. Gleichwohl befasste sich der Autor mit der Frage, welche inländischen Erzeugnisse den „fremden“ Kaffee, Tee und Zucker ersetzen könnten.

Das erste Café – und seine Nachahmer

Als das Buch erschien, gab es bereits seit 111 Jahren auch in Nürnberg einen Kaffeeausschank. 1688 hatte hier der Zuckerbäcker Georg Albrecht als erster eine Lizenz für den Ausschank des neuartigen „Türkentranks“ beantragt – und gleichzeitig von Tee und Schokolade. Damals gab es in London bereits über 2000 Kaffeeschenken. Die Stadtoberen waren zunächst skeptisch, schließlich kursierten bereits zu jener Zeit Gerüchte, von denen eines besagte, dass das schwarze Getränk unfruchtbar machen würde. Die Stadträte gaben deshalb ein ärztliches Gutachten in Auftrag. Das seit 1592 bestehende „Collegium Medicum“ als städtische Gesundheitsbehörde attestierte am Ende die Ungefährlichkeit des Getränks. Also stimmte der Rat dem Antrag des Zuckerbäckers zu – das erste Nürnberger Kaffeehaus ging daraufhin „hinter dem Rathause“ (am heutigen Fünferplatz) in Betrieb und florierte offenbar kräftig.

Die neuartige Einrichtung, das *Haus zum Frosch*, war das erste Kaffeehaus Süddeutschlands. 1696 kaufte sich Conrad Stör, der Gastwirt vom *Goldenen Ochsen* in das Geschäft ein und Albrecht zog sich zunächst aus dem Betrieb zurück. Zwischen den beiden kam es jedoch zu einem verbitterten Streit. Förmlich ging es um das „Lehrgeld" – Albrecht wollte von Stör 200 Gulden dafür kassieren, dass er ihm die Zubereitung des Getränks beigebracht hatte. Die gerichtliche Auseinandersetzung zog sich hin. Albrecht eröffnete kurzerhand einen neuen Betrieb, der nun mit dem ersten, den er gegründet hatte und den nun sein ehemaliger Kompagnon Stör führte, konkurrierte.

Kaffee war inzwischen so sehr begehrt und wohl auch für die Betreiber der Häuser profitabel, dass den Stadtrat eine Flut von weiteren Lizenzanträgen erreichte. 1702 traf der Rat eine Entscheidung: Er beendete Störs Monopolstellung. Damit war der so bezeichnete „Nürnberger Kaffeehausstreit" geschlichtet.

Nach Akten der zuständigen Steuerbehörden folgten dennoch etliche weitere Prozesse um den Ausschank. 1758 taucht das Kaffeehaus *Zur goldenen Rose* in Akten auf. Um 1850 gab es Kaffee unter anderem im *Café Wagner* und im *Café Rüssel*, in einem *Wiener Salon*, aber auch in Gasthäusern wie dem *Weizenstüblein* und dem *Eichhorn*. Dazu kamen etliche kleinere Ausschänke. 1875 waren im Nürnberger Stadtgebiet zwölf Kaffeehäuser zu finden. Am Spittlertor z. B. das *Panorama* und das *Mondschein*, in der Königstraße das *Noris* und in der Kaiserstraße das *Mailand*. Im Heugässchen lud das *Café Gänsemännchen* ein. Die Zahl erhöhte sich ständig und erreichte bis 1930 einen Stand von rund 50. Die Führung von Kaffeehäusern sei übrigens häufig eine Unternehmung von Frauen, heißt es in alten Schriften.

Der junge Wurffbain auf großer Fahrt

Nürnberg hat aber noch aus einem anderen Grund einen besonderen Anteil an der Geschichte des Kaffees. Einen Namen sollte man sich dabei merken: Johan Sigismund Wurffbain, 1613 in Nürnberg

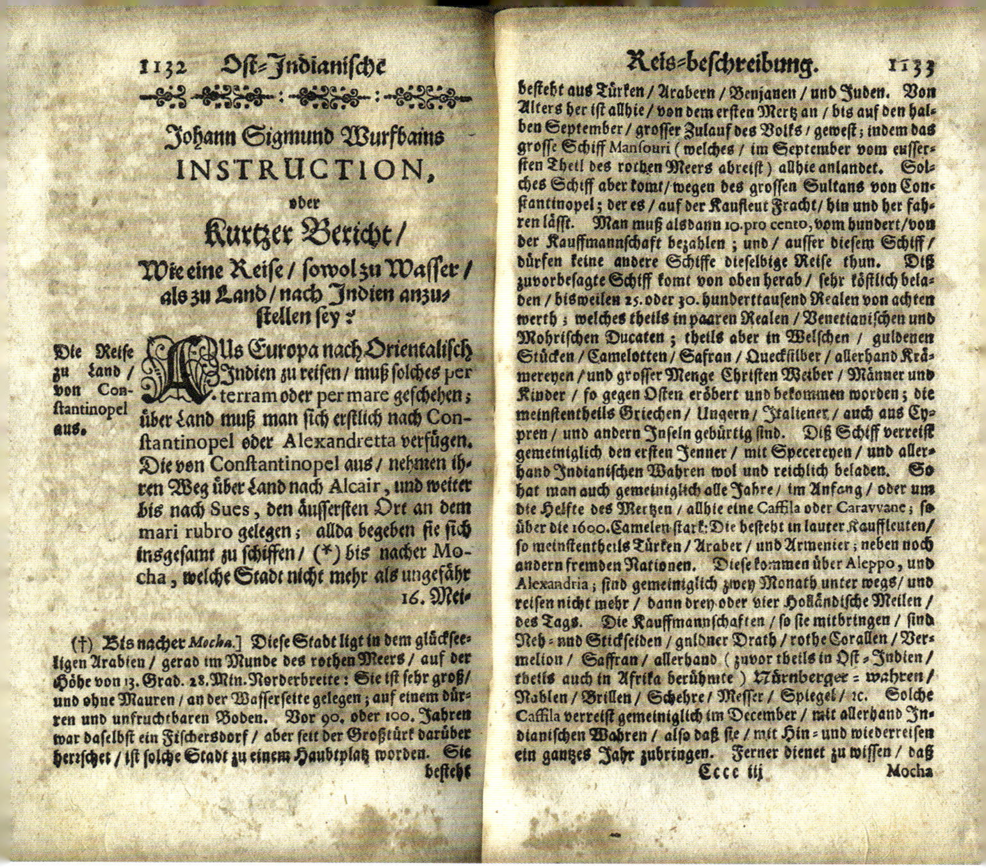

1132 Ost=Indianische

Johann Sigmund Wurfbains
INSTRUCTION,
oder
Kurtzer Bericht/
Wie eine Reise / sowol zu Wasser / als zu Land / nach Indien anzustellen sey:

Die Reise zu Land / von Constantinopel aus.

Aus Europa nach Orientalisch Indien zu reisen / muß solches per terram oder per mare geschehen; über Land muß man sich erstlich nach Constantinopel oder Alexandretta verfügen. Die von Constantinopel aus / nehmen ihren Weg über Land nach Alcair, und weiter bis nach Sues, den äussersten Ort an dem mari rubro gelegen; allda begeben sie sich insgesamt zu schiffen / (*) bis nacher Mocha, welche Stadt nicht mehr als ungefähr 16. Mei-

(†) Bis nacher *Mocha.*] Diese Stadt ligt in dem glückseeligen Arabien / gerad im Munde des rothen Meers / auf der Höhe von 13. Grad. 28. Min. Norderbreite: Sie ist sehr groß / und ohne Mauren / an der Wasserseite gelegen; auf einem dürren und unfruchtbaren Boden. Vor 90. oder 100. Jahren war daselbst ein Fischersdorf / aber seit der Großtürk darüber herrschet / ist solche Stadt zu einem Haubtplatz worden. Sie besteht

Reis=beschreibung. 1133

besteht aus Türken / Arabern / Benjanen / und Juden. Von Alters her ist allhie / von dem ersten Mertz an / bis auf den halben September / grosser Zulauf des Volks / gewest; indem das grosse Schiff Mansouri (welches / im September vom eussersten Theil des rothen Meers abreist) allhie anlandet. Solches Schiff aber komt / wegen des grossen Sultans von Constantinopel; der es / auf der Kaufleut Fracht / hin und her fahren lässt. Man muß alsdann 10. pro cento, vom hundert / von der Kauffmannschaft bezahlen; und / ausser diesem Schiff / dürfen keine andere Schiffe dieselbige Reise thun. Diß zuvorbesagte Schiff komt von oben herab / sehr köstlich beladen / bisweilen 25. oder 30. hunderttausend Realen von achten werth; welches theils in paaren Realen / Venetianischen und Mohrischen Ducaten; theils aber in Welschen / guldenen Stücken / Camelotten / Safran / Queckfilber / allerhand Krämereyen / und grosser Menge Christen Weiber / Männer und Kinder / so gegen Osten eröbert und bekommen worden; die meinstentheils Griechen / Ungern / Italiener / auch aus Cypren / und andern Inseln gebürtig sind. Diß Schiff verreist gemeiniglich den ersten Jenner / mit Specereyen / und allerhand Indianischen Wahren wol und reichlich beladen. So hat man auch gemeiniglich alle Jahre / im Anfang / oder um die Helfte des Mertzen / allhie eine Caffila oder Caravvane; so über die 1600. Camelen stark: Die besteht in lauter Kauffleuten / so meinstentheils Türken / Araber / und Armenier; neben noch andern fremden Nationen. Diese kommen über Aleppo, und Alexandria; sind gemeiniglich zwey Monath unter wegs / und reisen nicht mehr / dann drey oder vier Holländische Meilen / des Tags. Die Kauffmannschaften / so sie mitbringen / sind Neh= und Stickseiden / guldner Drath / rothe Corallen / Vermelion / Saffran / allerhand (zuvor theils in Ost=Indien / theils auch in Afrika berühmte) Nürnberger=wahren / Nablen / Brillen / Schehre / Messer / Spiegel / ꝛc. Solche Caffila verreist gemeiniglich im December / mit allerhand Indianischen Wahren / also daß sie / mit Hin= und wiederreisen ein gantzes Jahr zubringen. Ferner dienet zu wissen / daß

Cccc iij Mocha

Die Erlebnisse festgehalten: Die Reisebeschreibung des Johan Sigismund Wurffbain erzählen vom spannenden Leben eines Pioniers des Kaffeehandels.

geboren. Er war einer der Kaufleute, die im 17. Jh. zu den europäischen Pionieren des Kaffeehandels zählten. Der Siegeszug des Getränks, der mit wagemutigen Seeleuten wie ihm begann, war nicht aufzuhalten – der Kaffee sollte unsere Trinkgewohnheiten von Grund auf verändern. Das Getränk begleitet heute viele von uns den ganzen Tag über.

Der Vater Leonhart Wurffbain hatte seinen Sohn 1628 von Nürnberg nach Amsterdam in die Kaufmannslehre geschickt. Es war damals durchaus üblich, dass junge Männer ihr Glück in der Ferne suchen sollten – so auch der Nürnberger Kaufmannssohn. Johan Sigismund war gerade 15 Jahre alt.

Der junge Wurffbain kam in seine Heimat zurück, aber es hielt ihn nicht lange in Nürnberg. Im Januar 1632 heuerte er bei der holländischen Ostindien-Kompanie an. Die Karriere führte ihn nach Indien. 1640, gerade 27 Jahre alt geworden, brach Johan Sigismund Wurffbain als Kapitän im Dienste der Holländer mit einer Schiffsladung von Gewürzen, Porzellangeschirr, Baumwolltüchern, Tabak, Zucker und Blei vom Stützpunkt Surat aus auf eine Reise zur Arabischen Halbinsel auf. Das Schiff ankerte zunächst vor Aden und segelte dann weiter entlang der Küste des Roten Meeres zur Küstenstadt Mocha im heutigen Jemen. Seit Abfahrt der Seeleute waren neun Wochen und drei Tage vergangen.

Für den Erlös seiner Waren kaufte Wurffbain am Ziel 83.540 Pfund „Cauwa", eben Kaffeebohnen – „so eine Art von Bohnen, die allein in dem um Mocha liegenden Gebirge zu wachsen pflegen". Diese Bohnen würden „von den Mahumetanern sowol in Türkey als auch durch gantz Indien zur Erhaltung der Gesundheit täglich überflüssig gebraucht ... und zwar wann selbige im Feuer gantz kohlschwartz gebrannt, dann gestossen und gekochet, trincken sie das Wasser davon gantz sud- und brennheiss, vorgebend dass es den gantzen leib erhitze ... bedienen sich solches Trancks anstatt des Weins, wie dann dergleichen Cauwa-Häuser hin und her sehr viel gefunden werden".

Die eingetauschte Ware brachte Wurffbain nach Surat zurück. Weil seine deutsche Herkunft eine weitere Karriere in holländischen Diensten behinderte, kam er nach Nürnberg zurück, wo er 1661 starb. Seine ausführliche Reisebeschreibung wurde erst 1686 in seiner Heimatstadt gedruckt.

Wurffbains Lebenspfade sind nicht unbedingt eine Seltenheit: Sein Landsmann Johann Jacob Saar landete ebenfalls bei der Holländischen Ostindien-Kompanie, für die er während eines 15-jährigen Kriegsdienstes unter anderem auf Java und der Insel Sri Lanka kämpfte. Wegen seines Wagemuts erhielt er den Spitznamen Leichthertz. Sein Reisebericht erschien bereits 1662.

Der Umweg über Indien, bei dem die Holländer eine Rolle spielten, war eine der Geschichten, die sich mit der Einführung des Kaffees in Europa verbindet. Botaniker ordnen die ursprüngliche Heimat der Kaffeepflanze dem heutigen Äthiopien zu. Historiker führen den Namen des dortigen Königreichs Kaffa auf sie zurück. Frühzeitig muss die stimulierende Wirkung der Früchte, der Bohnen, bekannt gewesen sein. Es wird vermutet, dass sie anfangs zerrieben und mit Fett zu einem Stärkungsmittel für Jäger oder Krieger vermischt wurden.

Die Pflanze gelangte möglicherweise bereits im 6. Jh. über das Rote Meer auf die Arabische Halbinsel. Teile des heutigen Jemen waren damals vom äthiopischen Königreich Aksum erobert und von dort aus beherrscht worden. Der aksumitische König Abraha – in arabischen Quellen hat er den Beinamen „der mit der abgeschlagenen Nasenspitze" – regierte jahrzehntelang das Land. In den feuchten westlichen Gebirgslagen des Jemen, die dafür bestens geeignet waren, wurde der Kaffee erstmals systematisch kultiviert. Einer Legende nach soll ein Hirte namens Kaldi auf die belebende Wirkung der Bohnen aufmerksam geworden sein, als seine Ziegen davon fraßen und daraufhin noch spät in der Nacht höchst aktiv waren. Nach einer anderen Version sollen gläubige Muslime vor Ort die geheimnisvollen Pflanzen entdeckt und sich einen Aufguss aus deren Samen zubereitet haben, um in der Nacht bis zur Stunde für das Morgengebet wach zu bleiben.

Es dauerte einige Zeit, bis sich das Getränk im arabischen Kulturkreis durchsetzen konnte. Wegen der stimulierenden Wirkung der aufgebrühten Bohnen galt der Kaffee zunächst als Heilmittel. Erstmals erwähnte der persische Mediziner Rhazes, der zeitweise in Bagdad lebte, um 900 das Getränk. In seinem *Kanon der Heilkunde* beschrieb der arabische Gelehrte Avicenna 1025 Kaffee als ein Mittel gegen Mandelentzündungen, die Ruhr und schwer heilende Wunden. Seine Wirkung sei stärkend für das Herz.

Die genannte jemenitische Küstenstadt Mocha oder Mokha (daher der Name „Mokka") wurde zum wichtigsten Exporthafen für die Bohnen. Kaffee war für die Muslime in Konstantinopel seit der Mitte des 16. Jhs. praktisch eine Alternative zum alkoholhaltigen, verbotenen Wein. Das arabische Wort „qahwa", aus dem sich nach Meinung anderer Forscher der Begriff „Kaffee" ableitet, bedeutete ursprünglich nichts anderes als Wein.

Europäische Reisende lernten den Kaffee und seine Zubereitung in der zweiten Hälfte des 16. Jhs. im Osmanischen Reich kennen.

Ein wahres Christengetränk

Einer Legende zufolge soll Papst Clemens VIII. († 1605) gebeten worden sein, den in Mode kommenden Kaffee zu verbieten. Der Heilige Vater aber wollte sich zunächst selbst ein Bild davon machen und ließ sich als Kostprobe eine Tasse davon servieren. Nach der Vorstellung seiner Kardinäle sollte der Papst das schwarze Gebräu aus dem Land der Heiden als Teufelszeug verurteilen. Doch der aus einer berühmten Florentiner Handelsfamilie stammende Clemens VIII., mit bürgerlichem Namen Ippolito Aldobrandini, fand Geschmack daran, segnete den Kaffee und erklärte ihn zu einem „wahren Christengetränk", das man nicht den Heiden überlassen solle.

Die erste Beschreibung des Kaffeebaums und der Wirkungen des Getränks durch einen Europäer stammt wohl 1583 von dem Augsburger Naturforscher und Botaniker Leonhard Rauwolf, der bis nach Bagdad gelangte. Zu dieser Zeit war der Kaffee im Westen bereits bis nach Belgrad vorgedrungen.

In den 1640er-Jahren wurde wohl auf dem Markusplatz in Venedig Europas erstes Kaffeehaus nach heutigem Verständnis außerhalb des Osmanischen Reiches eröffnet. Viele weitere sollten folgen. Französische Forscher datieren das Auftauchen von Kaffee in Marseille auf das Jahr 1644. Die Reisenden de la Roque und de la Haye hätten Proben mitsamt notwendigen Utensilien (wie Porzellantassen) aus Konstantinopel mitgebracht. Paris folgte 1657. Berühmtheit erlangte hier das von einem sizilianischen Edelmann gegründete *Café Procope* als Literatenkaffee – es nahm 1686 seinen Betrieb auf.

In deutschen Fürstentümern breitete sich das Getränk ebenfalls aus. In einigen Gebieten gab es allerdings noch im letzten Drittel des 18. Jhs. „Kaffeeverbote", und Gendarmen wurden zu speziellen „Kaffeeschnüfflern" ausgebildet, die über die Dörfer zogen. „Sie drangen in die Häuser und in die Stuben, spionierten in Tassen und Töpfen, und manchmal mag ein biederes Kränzchen ein Ende mit Schrecken genommen haben", war 1892 als Beschreibung eines Gemäldes in einer Ausgabe der *Gartenlaube* zu lesen. Unter anderen ging Friedrich der Große von Preußen vehement gegen das neu-

Dem Duft auf der Spur: Kaffeeschnüffler zogen durch manche Städte.

modische Getränk vor. Niemand konnte freilich mehr aufhalten, dass Kaffee sich nach und nach von der Luxusware zu einem Getränk für alle entwickelte. Um 1780 wurden nach Schätzungen in Europa bereits 65.000 Tonnen Kaffee konsumiert.

Zur Geschichte des Kaffees gehören die Säcke mit den Bohnen, die die türkischen Belagerer 1683 bei ihrer Vertreibung vor Wien zurückließen. Bald wurde in Wien die Kaffeesiederei als reguläres Gewerbe anerkannt, was dem neuen Genussmittel endgültig zum Durchbruch verhalf. Die Kaffeehäuser wurden – 40 Jahre nach dem ersten Ausschank in Venedig – zu einem Markenzeichen der österreichischen Hauptstadt. Anderswo sprach man weiter von einem „Türkentrank".

Kaffeehauskultur auf dem Vormarsch

Kaffeehäuser wurden überall in Europa zu Orten des Informationsaustauschs, der Kommunikation, des Handels und der Geschäftsabschlüsse. Hier konnte sich der Diskurs über aktuelle Themen der

Kultur ebenso wie der Politik entfalten. Der anglo-irische Schriftsteller Jonathan Swift meinte denn auch: „Die beste Methode, das Leben angenehm zu verbringen, ist, guten Kaffee zu trinken. Und wenn man keinen haben kann, so soll man versuchen, so heiter und gelassen zu sein, als hätte an guten Kaffee getrunken."

In den letzten Jahrzehnten des Ancien Régime galten die Pariser Cafés – Schätzungen sprechen von 2000 – als Brutstätten der neuen, revolutionären Ideen. Unter anderen befasste sich der Philosoph Jürgen Habermas in seiner Habilitationsschrift *Strukturwandel der Öffentlichkeit* 1962 mit der Funktion von Kaffeehäusern als öffentlicher Plattform für die bürgerliche Diskussion.

Jenseits des Atlantiks erhielt 1670 eine Dorothy Jones in Boston als erste eine Lizenz zum Kaffeeausschank. Es wird allerdings vermutet, dass Holländer bereits zuvor Kaffee auf die Insel Neu-Amsterdam (heute Manhattan als Teil von New York) einführten. Für die Gründerväter der unabhängigen USA war Kaffee ein „patriotisches Getränk", das der Teetradition der verhassten britischen Kolonialherren als Alternative gegenüberstand.

In Deutschland wurde das erste Kaffeehaus 1673 in der Hansestadt Bremen von dem Niederländer Jan Jahns van Huisten gegründet. Der Kaffee erreichte 15 Jahre später Nürnberg, die Geburtsstadt von Johan Sigismund Wurffbain. Der war zu diesem Zeitpunkt allerdings bereits über 25 Jahre tot.

Ein Nebeneffekt des Kaffee-Vormarsches war die Fertigung von Kaffeemühlen in Nürnberg und in der Nachbarstadt Fürth. „Der größte Teil von Deutschland mahlt jetzt noch auf Nürnbergischen Kaffeemühlen", behauptete 1801 Johann Ferdinand Roth in seiner *Geschichte des Nürnbergischen Handels*. Nach einer anderen Quelle wurden diese Geräte „millionenfach ausgeführt". Vor dem Aufkommen der Kaffeemühlen mit ihren Handkurbeln zerstieß man die Bohnen in Mörsern und röstete den Kaffee in Pfannen.

Schmuggler erschließen neue Anbaugebiete

Noch für lange Zeit kontrollierten freilich die Araber das Geschäft mit den Bohnen. Es dauerte lange, bis Schmuggler Kaffeepflanzen

Millionen Menschen verschleppt

Mit der Verbreitung des Kaffeeanbaus in den europäischen Kolonialgebieten war der Niedergang der Kaffee-Exporte von der Arabischen Halbinsel besiegelt. Die Folgen der Umleitung des Handels gehören mit zu den traurigsten Kapiteln der Menschheitsgeschichte: Kaffeeanbau und -ernte besorgten in den Kolonialgebieten der Karibik und bald auch in Brasilien die Sklaven, die im Rahmen des transatlantischen Menschenhandels aus ihrer afrikanischen Heimat verschleppt wurden. Fachleute schätzen die Zahl der betroffenen Männer, Frauen und Kinder auf zehn Millionen – die Opfer von Sklavenjagden auf dem afrikanischen Kontinent nicht mitgerechnet.

Zu Zeiten des deutschen Schutzgebietes Deutsch-Ostafrika, bestehend von 1885 bis 1918, versuchte insbesondere das Hamburger Handelshaus von Carl Woermann, dort Kaffeeplantagen einzurichten – der Versuch scheiterte allerdings. Allgemein war in Afrika der „Arbeitszwang zu Zivilisationszwecken" die Rechtfertigung dafür, einheimische Arbeitskräfte auf Plantagen einzusetzen. Im Auftrag von Woermann gründete der deutsche Botaniker Hermann Soyaux 1879 eine Kaffeeplantage in Gabun.

Für die Arbeit auf den Kaffeeplantagen Ceylons setzten die Briten eine Wanderungsbewegung von Tamilen aus Südindien in Gang. Bis ins späte 20. Jh. waren blutige ethnische Auseinandersetzungen auf der Insel die traurige Folge dieser erzwungenen Entwicklung.

von der Arabischen Halbinsel auf direktem Weg nach Europa bringen konnten – und von dort in andere Teile der Welt. Nach den Quellen wurden sie 1714 erstmals in die Karibik eingeführt, 1788 lieferte die Insel Hispaniola die Hälfte des weltweit konsumierten Kaffees. Die Holländer fanden um 1720 heraus, dass die Pflanzen auf Java ebenso gut gediehen. Die Insel Ceylon folgte als weiteres Anbaugebiet. Wie anderswo verloren in Costa Rica im Zuge dessen die einfachen Bauern ihr Land. Historiker verglichen die Expansion der Plantagen mit einem Fieberwahn, der die Grundbesitzer ergriff.

Zeitweise gab es auf dem Weltmarkt mehr Angebot als Nachfrage, ein anderes Mal war der Kaffee knapp – z. B. während der von Napoleon 1806 verhängten Kontinentalsperre. Manchen Zeitgenossen war der Kaffee einfach zu teuer – sie griffen auf den Brauch zurück, ersatzweise geröstete Gerstenkörner aufzugießen. Das hatten bereits die alten Babylonier praktiziert. Außerdem entstanden Malz- und Feigenkaffee, Getränke aus Dattelkernen und Mandeln. Am weitesten verbreitet war im 18. und 19. Jh. Zichorienkaffee – ein Aufguss von zermahlenen Wurzeln der Pflanze, die als Gemeine Wegwarte bekannt ist. Als Erfinder gelten der Gastwirt Christian Gottlieb Förster und der Offizier Christian von Heine in Braunschweig, die 1770 eine erste Konzession für den Ausschank des Getränks erhielten. In Süddeutschland lag das Zentrum der Herstellung im Raum Nürnberg und Fürth. Vorreiter war Georg Joseph Scheuer, der 1812 in Fürth als „Mandelrübenfabrikant" zugelassen wurde. An Nachschub für den Rohstoff mangelte es nicht: Zichorien wurden zuvor schon als pflanzliches Heilmittel verwendet. Eine Bestandsaufnahme für das Jahr 1810 nennt für Nürnberg eine Zahl von 27 kleineren Zichorienhändlern, die zusammen immerhin auf einen Umsatz von 13.000 Gulden kamen.

Zu jener Zeit war noch die erwähnte Kontinentalsperre in Kraft, die den Nachschub von Kaffee aus den britischen Kolonien abschnitt. Die Firma Scheuer wuchs daher schnell und lieferte bald bis ins Ausland. Die Zahl der Hersteller von Kaffeeersatz in Fürth stieg auch nach Aufhebung der Kontinentalsperre vorübergehend auf rund 40. Es wurden dann allerdings immer weniger. Größter Konkurrent blieb die Zichorienfabrik Julius Cohn, die 1826 ins Rennen ging. Scheuer erlebte im Ersten Weltkrieg einen weiteren Boom und existierte bis zum Jahr 1931, die Firma des Julius Cohn bis 1935.

1929 kostete ein Pfund gebrannten Bohnenkaffees in Nürnberg zwischen 2,40 und 5 Mark, ein Pfund Zichorien dagegen nur zwischen 32 und 56 Pfennige. Zum Vergleich: Für ein Pfund Weizenmehl musste die Kundschaft zwischen 22 und 30 Pfennige zahlen, für einen Liter helles Bier 50 Pfennige und für ein Pfund Rindfleisch zwischen 80 Pfennige und 1,40 Mark. Der Stundenlohn eines Metallfacharbeiters lag bei gerade mal 83 Pfennigen, der eines Zementarbeiters bei 1,20 Mark.

Eine Voraussetzung für die Expansion des Geschäfts war die Transportmöglichkeit über die erste deutsche Eisenbahnlinie von

Bohnen eroberten die Welt: Der Kaffeeanbau veränderte die Trinkgewohnheiten.

Fürth nach Nürnberg. Sie erschloss die Wege darüber hinaus. Auch in Nürnberg waren bald zahlreiche Zichorienhersteller zu finden. Ein Warenlexikon aus dem Jahr 1835 ordnete Nürnberg noch eine Zahl von 16 Zichorienfabrikanten zu.

Auf dem Weg in die Gegenwart

Die Zubereitungsform der herkömmlichen Kaffeebohnen als (stärker gerösteter) Espresso kam um 1900 zuerst in Mailand in Mode. Ursprünglich wurde das Getränk ausschließlich mit Hilfe von Dampf zubereitet. Der Lebensmittelchemiker Max Rudolph Morgenthaler entwickelte zudem in der Schweiz auf der Suche nach Möglichkeiten, Kaffee in Zeiten einer Überproduktion haltbar zu machen, den löslichen Kaffee. 1938 begann der Nestlé-Konzern, das Produkt unter dem Namen *Nescafé* in alle Welt zu verbreiten.

Heute werden weltweit auf über 10 Millionen Hektar in 80 Ländern Kaffeesträucher angebaut. Nach der Statistik liegt der Pro-Kopf-Verbrauch in Deutschland heute bei rund 162 Litern. „Coffee to go“ ist zu einer Alltagserscheinung geworden. Über den Preis entscheiden heute Spekulanten an den internationalen Rohstoffbörsen – allen voran in New York und London. Bei der Suche nach dem teuersten Kaffee stößt man unweigerlich auf Kopi Luwak. Es handelt sich um Bohnen, die eine bestimmte Art von Schleichkatzen gefressen und dann wieder als Kot ausgeschieden hat. Der Ursprung liegt in Plantagen in Indonesien und auf den Philippinen. Ein Kilogramm der ungewöhnlichen Sorte kann leicht bis zu 1000 Euro kosten.

Bratwürste, Lebkuchen und Co.

Delikatessen prägen das Image einer Stadt

„Der zu jeder Tageszeit erhaltende Imbiss besteht, neben Käse und Presswurst, ganz besonders in Bratwürsten mit einigen Gabeln Sauerkraut. Die Nürnberger Bratwurst ist so berühmt als der Nürnberger Pfefferkuchen und der Limburger Käs und die Bremer Zigarre. Es ist ein niedliches Ding um so eine Bratwurst die kaum einige Zoll Länge zählt. Die weiter nichts als ein Gedankenstrich in der Reihe der Gerichte, weiter nichts als ein Beweis ist, dass es der Wirt lieber sieht, wenn man statt derer drei, sechs Stücke verzehrt." So steht es in der Stadtbeschreibung von Eduard Waldau aus dem Jahr 1837 über den Betrieb in den Nürnberger Wirtshäusern.

Von alters her wird den Nürnbergern eine Vorliebe für Würste zugeschrieben. Sie wurden zu einem Element der städtischen Kultur. Die typischen Rostbratwürste waren nach der Überlieferung einst sogar ein Bestandteil von Henkersmahlzeiten. Sie sollten zu einem wichtigen Exportartikel und zu einer besonderen Nürnberger Spezialität mit praktisch weltweitem Bekanntheitsgrad werden – zu einer Art Markenzeichen. „Nürnberger Würstel" (oder wie immer sie bezeichnet werden) findet man ohne große Suchaktion auf Speisekarten von Restaurants in New York und San Francisco. Von Besuchern gemischt bewertet wird das Restaurant in Shanghai, das „Nürnberger" anbietet.

Die Nürnberger Rostbratwürste sind heute als eine von 79 Delikatessen aus Deutschland in einem Verzeichnis der EU mit der Nummer 1257 aus dem Jahr 2003 aufgeführt und dadurch geschützt. Kenner schwören darauf, dass sie am besten gegrillt auf Buchenholz geraten. Als „3 im Weckla" (original fränkisch: „Weggla") begegnen sie einem vielfach in der Stadt.

Fleischreste gut verwertet

Die Geschichte der Wurst begann wohl bereits zur Zeit der steinzeitlichen Jäger. Übrig gebliebene Fleischstückchen wollten die Sippen nicht einfach wegwerfen. Also zerhackte man sie und presste das Fleisch in Tierdärme. Die Germanen und die Römer griffen diese Praxis ebenfalls auf. Marcus Gavius Apicius, der Klassiker unter den alten römischen Rezeptschreibern, nannte sie um die Zeitenwende „farcimina“: einfache Würste aus grob gehacktem Fleisch, mit Weizengrütze gemischt, dazu mit Pfeffer und gestampften Pinienkernen gewürzt und in eine Wursthaut gestopft. Dazu empfahl bereits Apicius Senf.

Im Mittelalter führte die Vorliebe für Würste in Nürnberg zu besonderen „Schaumaßnahmen“. Das Grundrezept für die typischen Bratwürste wurde 1313 vom Rat der Stadt festgelegt. Man solle „sweinen lentbraten“ für die Füllung hacken, wurde den Metzgern vorgeschrieben. Dazu kamen aromatische Gewürze. Neben Salz waren das Pfeffer und Majoran. Die Fülle der Gewürze, die die Kaufmannszüge über Venedig aus dem Orient brachten, ermöglichten weitere Zutaten für dieses Gemisch.

Nur sieben bis neun Zentimeter ist die „original Nürnberger Rostbratwurst“ heute lang. Sie ist in Schafsdarm gepresst und hat ein Gewicht von maximal 25 Gramm. Manche Legenden ranken

Der verräterische Wurstzipfel

Was sich die Magd dabei dachte, verrät die Sage nicht. Die Ratte hatte einfach Hunger: Jedenfalls war es schon vor langer Zeit, da wurde ein Mönch als Verbrecher angeklagt. Die Richter hatten kein Erbarmen. Sie verurteilten ihn dazu, bei lebendigem Leibe in die Wand der St.-Lorenzkirche eingemauert zu werden. So geschah es. Doch eine barmherzige Magd versorgte ihn durch ein kleines Loch mit Essen und Trinken. Ein Wurstzipfel fiel dabei für eine Ratte ab, und man fing sie mit ihrer Beute im Maul. Man suchte nach dem Rest der Wurst und fand den Mönch lebend vor. Die geheime Hilfsaktion der Magd war freilich aufgeflogen, doch der Mönch wurde befreit und begnadigt.

sich um die Form. Eine der Geschichten besagt: Die Größe ermöglichte es einst Wirten von Gasthäusern, Fremde auch nach der Sperrstunde zu bedienen – denn diese Würste passten durch das Schlüsselloch. Die Erzählung soll den „Witz“, also den Einfallsreichtum der Nürnberger Bürger, der ihnen nachgesagt wird, schon in alten Zeiten untermauern.

Nüchterne Stimmen erklären es anders: Wegen der streng kontrollierten Qualität wurden die normalen, großen Würste ziemlich teuer, in der kleinen Form ließen sich aber größere Stückzahlen pro Fleischmenge herstellen und ein höherer Preis erzielen. Aus diesem Grund entstanden die viel kleineren sogenannten Pfennigbratwürste, die nur in Wirtshäusern und Garküchen verkauft werden sollten. Die „normalen“ Bratwürste für den allgemeinen Verkauf waren im Vergleich dazu doppelt so groß.

Ein Reiseführer für Nürnberg von 1872 nennt ausdrücklich die Garküchen, „wo man besonders gute Würste (fast zu jeder Zeit) haben kann“ – namentlich das *Blaue Glöcklein* an der Moritzkapelle, das *Goldene Herz* im Herzgäßchen, den *Elephant* beim Theater, das *Göckerlein* in der *Oberwöhrdstraße* und den *Hermann* unter dem Weißen Turm.

Fans gab es bald überall in deutschen Landen. Selbst Johann Wolfgang von Goethe rühmte die „Bratwürstchen, welche dort (in Nürnberg) so vorzüglich gut gefertigt werden“ – „mit Majoran gewürzt und ein wenig geräuchert“. Mit der Post ließ sich der Dichter nach der Überlieferung Nürnberger Bratwürste nach Weimar bringen. Ob er Senf dazugab, wie es viele heute bevorzugen, ist nicht überliefert.

Die „normalen“ Würste, die „fränkischen“, gab es natürlich ebenfalls weiter. Überliefert ist, dass 1591 die Schweinemetzger von Nürnberg am Donnerstag nach Fastnacht eine 39 Meter lange Bratwurst fertigten. 20 Gesellen trugen das Rekordstück an einer Stange, heißt es in alten Chroniken.

Manche Wirtshausgäste bevorzugen als fränkische Spezialität die „blauen“ oder „sauren Zipfel“ (fränkisch: Zibfl) – in Essigsud gegarte Bratwürste. Weniger häufig gelangt „Nürnberger Gwerch“ auf die Speisenkarten. Zu diesem „Durcheinander“ auf dem Teller gehören Ochsenmaulsalat, roter Presssack und Hausmacher-Stadtwurst. Essig und Öl sind unerlässlich, weitere Zutaten sind der Fantasie des jeweiligen Zubereitenden überlassen.

Lebkuchen – gute Kost für unterwegs

Ein weiteres Markenzeichen der Stadt sind die Lebkuchen. Aus Nürnberg geliefert, bereicherten sie schon seit der Frühen Neuzeit mehr und mehr die Speisetische von Fürsten der deutschen Lande. Vorformen, einfache Honigkuchen, buken bereits die alten Ägypter vor rund 3500 Jahren. Viele mittelalterliche Klöster waren mit solchem Gebäck gut im Geschäft. Mit den Lebkuchen, wie wir sie heute kennen, hatten diese allerdings wenig zu tun: Der Teig war mit Honig vermischt. Diese Küchlein waren haltbar und eine zulässige Speise zu Fastenzeiten. Sie galten außerdem als geeignete Verköstigung von Pilgern auf Reisen.

Das Handwerk der Lebküchner ist seit 1395 in Nürnberg belegt. Die Bäcker profitierten von der Honigwirtschaft in der Umgebung der Stadt. Wer als erster auf die Idee kam, den Teig mit den exotischen Gewürzen zu versehen, die in den alten Rezeptbüchern zu so vielen Speisen empfohlen wurden, ist nicht bekannt.

In einem Nürnberger *Hochzeitsbuch* von 1485 wird auf eine Verordnung Bezug genommen, dass kostbares Konfekt durch Lebkuchen ersetzt werden solle. Die älteste Abbildung eines Lebküchners in den *Hausbüchern der Nürnberger Zwölfbrüderstiftungen* ist die des 1520 verstorbenen Hanns Buel. Die Kuchen, die er in den Ofen schiebt, waren tellergroß.

Innerhalb der Stadt waren ab 1566 die Verkaufsstände für Lebkuchen, wie wir sie heute kennen, hinter der Frauenkirche zu finden. Ein Rezept aus dem 16. Jh. zählte als Zutaten auf: „Ein Pfund Zucker, ein halb Seidlein oder ein Achtelein Honig, vier Lot Zimt, eineinhalb Lot Muskat, zwei Lot Ingwer, ein Lot Kardamum, ein halb Quintlein Pfeffer, ein Häuflein Mehl." Die Liste zeigt: Gewürze aus dem Orient, importiert durch die Nürnberger Kaufleute aus Venedig, waren das Geheimnis der neuartigen Lebkuchen aus hiesiger Fertigung.

Einst eine tellergroße Spezialität: Lebkuchenmacher prägten das Image der Stadt.

Erst diese Gewürze machten sie zu einem Kult- und Prestigegebäck, das in vielen Landen begehrt war. Dabei gab es aus manchen anderen Städten Konkurrenz. Ein *Diätbuch* aus dem Jahr 1682 definiert die Besonderheit: Lebkuchen aus Nürnberg bezeichnete der Autor als „panis dulcierius tenuis", weil sie viel lieblicher als die gemeinen Pfefferkuchen, genannt „panis dulcierius communis", seien.

Ein Erlass des Stadtrates erlaubte es ab 1625 allen Nürnberger Bürgern, Lebkuchen für den Eigenbedarf backen zu lassen. Die Zutaten hatten sie allerdings den Backstuben mitzuliefern. Erst in den 1640er-Jahren konnten die Lebküchner in Nürnberg ein eigenes, von den Bäckern unabhängiges Handwerk bilden. Der entsprechende Erlass zur „Separierung" datiert vom 17. April 1643, also gegen Ende des Dreißigjährigen Krieges. Die militärischen Auseinandersetzungen mit einer zweimaligen Belagerung Nürnbergs schnitten die Lebkuchenbäcker zeitweise vom Nachschub an Gewürzen ab.

Honig blieb weiter ein wichtiger Bestandteil. So waren über zwei zusammengehörende Trinkpokale des Nürnberger Lebküchnerhandwerks, die 1683 entstanden und sich heute im Germanischen Nationalmuseum befinden, Bienenkörbe gestülpt. Eine Inschrift besagt:

„Auß Diesen Bienenkorb Trinket herumen :
Biß alle beydte zusammen kumen.
Zum Angedencken der kleinen Bienlein
Trincken wir auß diesem Bienenkorb den Wein."

Die Zuckerbäcker wurden 1637, also früher als die Lebküchner, von den allgemeinen Bäckern unabhängig. Ihr Konfekt, ihre Plätzchen und ihr Marzipan eroberten manche auswärtigen Märkte. Sehr viel später, nämlich erst nach der Eingliederung Nürnbergs in das Königreich Bayern, machten konzessionierte Feinbäckerinnen von sich reden. Engagierter Unternehmergeist brachte auf diese Weise verwitweten Frauen oder solchen mit arbeitslosen oder erwerbsunfähigen Männern ein Einkommen. 1844 waren 55 entsprechende Konzessionen vergeben.

Natürlich sollten die Lebkuchenrezepte als Geheimnis bewahrt bleiben. Das war überhaupt ein Kennzeichen Nürnberger Stadtratspolitik: Vertretern einer ganzen Reihe von Handwerkern war es nicht erlaubt, in die Fremde abzuwandern. Man sprach von gesperrten Handwerken, und das der Lebküchner war ein solches. Das Knowhow sollte innerhalb der Stadtmauern bleiben und damit Konkurrenz verhindern. Im Jahr 1677 wurde es einem Lebküchner sogar verboten, ins benachbarte Fürth zu ziehen.

Ende des 18. Jhs. kam es zum „Krieg" um den Lebkuchen. Zu jener Zeit kamen neben den herkömmlichen braunen auch die weißen Lebkuchen (mit Zuckerglasur) in Mode. Natürlich stellten die Lebküchner mehr und mehr ihre Fertigung darauf ein. Das wollten sich die Zuckerbäcker nicht gefallen lassen – sie verlangten von der Obrigkeit das exklusive Recht der Herstellung. Ihr Argument: Schließlich bestanden die Zutaten für den Guss vor allem aus Mehl und Zucker und nicht aus Sirup und Honig – die Zutaten, die die Lebküchner traditionell verwendeten. Lange schwelte der Rechtsstreit darüber. 1797 gab eine Verfügung des Rugamtes in Nürnberg schließlich den Zuckerbäckern Recht.

Nun ließen die Lebküchner nicht locker. Zwei Jahre nach dem Anschluss Nürnbergs an Bayern wandten sie sich mit einer Bittschrift an König Maximilian I. von Bayern. Dieser erlaubte 1808 auch den Lebküchnern die Fertigung von weißen Lebkuchen. Das Spiel um die Konkurrenz wiederholte sich, als Lebkuchen mit Schokoladenguss auf den Markt kamen. 1839 war es schließlich aus mit

Für Elise

Der runde Elisenlebkuchen wurde nach der Tochter eines Nürnberger Lebkuchenbäckers benannt. Er enthält Anis, Ingwer, Kardamom, Koriander, Nelken, Piment und Zimt. Die Legende besagt: Elisabeth, die einzige Tochter eines Bäckers, war so schwer erkrankt, dass die Ärzte ihr nicht mehr helfen konnten. Der Bäcker wusste aber um die heilenden Wirkungen der Gewürze aus dem Orient. Selbige mischte er also zu einem solchen Küchlein zusammen. Die Tochter Elisabeth, genannt Elise, genoss ihn – und wurde tatsächlich gesund.

Den fleißigen Bienen zu Ehren: Die Lebküchner benutzten Trinkpokale in Form von Bienenkörben.

allen Privilegien: Zuckerbäcker und Lebküchner konnten laut Regierungsverfügung nun gleichermaßen die Nürnberger Spezialität – egal ob braun, weiß oder schwarz – fertigen. Der Einsatz einer Dampfmaschine in der alteingesessenen Lebküchnerei Heinrich Haeberlein läutete um 1840 das Zeitalter der industriellen Fertigung von Lebkuchen ein.

1855 machten die Nürnberger Lebkuchenhersteller noch einmal von sich reden. Aus Anlass des Besuchs des bayerischen Königs Maximilian II. buken sie einen braunen Riesenlebkuchen. Ein zeitgenössischer Holzschnitt zeigt, dass sechs Männer notwendig waren, um das Blech mit dem Lebkuchen durch die Straßen Nürnbergs zu tragen.

Ein spezieller Soßenlebkuchen ist die Besonderheit bei der Zubereitung eines Fränkischen Sauerbratens. Darin stecken jede Menge Gewürze. Die Kunst der fränkischen Variante ist das Marinieren des Fleisches.

Ein Nürnberger Likör

Unter den Spezialitäten der Stadt erwähnt eine Enzyklopädie aus dem Jahr 1806 ausdrücklich einen „Nürnberger Likör". Er bestand aus einem Gemisch von Gewürzen wie Nelken, Zimt und Safran sowie Kräutern. Das Ganze wurde mit Buchenasche vermischt. Seit dem 13. Jh. wurde in Nürnberg auch Branntwein hergestellt. Der Meistersinger Hans Folz widmete sich dem Getränk in seinem Büchlein *Vom Branntwein* aus dem Jahr 1491 – „Wem der geprennt Wein schad oder nucz sei, und wie er gerecht oder felschlich gemacht sei." Sein Fazit, auf den Punkt gebracht: Was der Branntwein mit einem mache, das merke einer selber.

1552 wurde „wegen Feuersgefahr" das Brennen von Branntwein untersagt. Allerdings setzte sich das Verbot wohl nicht durch. Die Verordnung über den Betrieb am Nürnberger Weinmarkt von 1596 stellte hingegen unter Strafe, Bierhefe beim Brennen zu verwenden – was wohl damals eine gängige Beimischung war.

Eine Zählung kurz nach dem Dreißigjährigen Krieg ergab 92 „unberechtigte" Brennstätten in Nürnberg – darunter wurden 32 von Frauen betrieben. Es ging dabei nicht nur um Branntwein als bloßes anregendes Getränk, sondern die Flüssigkeit kam vielfältig zum Einsatz. Ein Rezeptbuch aus Nürnberg von 1753 empfahl beispielsweise, Fisch vor der Zubereitung über Nacht in Branntwein ziehen zu lassen.

Klassiker aus Fleisch und Fisch

Nürnberg gilt gerne als eine Hochburg für Schäufele. Das Gericht fehlt auf keiner Speisekarte von Gaststätten mit fränkischen Spezialitäten. Doch das Schäufele, ein traditionelles Sonn- und Festtagsessen, ist in Wirklichkeit keine spezielle Nürnberger, sondern eine fränkische Erfindung – zubereitet aus der Schweineschulter und komplett mit Knochen und knuspriger Schwarte serviert. Lange genug im Ofen gebraten, ist das Fleisch an der Unterseite des Knochens butterweich. Man nennt dieses Teil das „Bürgermeister-“ oder „Pfaffenstück“. Manche schwören auf ein Schäufele in einer dunklen Biersoße. Als Beilage dienen traditionell Sauer- oder Blaukraut sowie die typisch fränkischen Kartoffelklöße; in deren Inneres gehören angebratene Weißbrotwürfel. Eine Aufzählung der verschiedenen Kloßarten – 18 an der Zahl – von 1845 erschien allerdings nicht in Nürnberg, sondern in Ansbach.

Als traditionelles fränkisches Saisongericht in den Monaten mit einem R sind die Karpfen zu nennen. Sie wurden in Franken bereits seit dem 8. Jh. gezüchtet – vor allem, aber nicht nur als Fastenspeise. Karl der Große förderte die Anlage von Teichwirtschaften. Sie wurden zunächst in erster Linie von Klöstern eingerichtet. Der Fisch war eine wichtige Ergänzung zum gestiegenen Ernährungsbedarf, der durch die Bevölkerungsentwicklung entstand. So verdreifachte sich zwischen dem 11. und dem 14. Jh. die Bevölkerung Mitteleuropas.

In der Nähe von Nürnberg entwickelte sich vor allem im Aischgrund, aber auch in der Oberpfalz eine ausgedehnte Weiherlandschaft. Das Aischgründer Karpfenmuseum in Neustadt an der Aisch befasst sich mit der 1250-jährigen Karpfenzucht in Franken. Die Reichsstadt Nürnberg als urbanes Ballungszentrum und Schauplatz von Großveranstaltungen war für die Züchter der Karpfen ein guter Absatzmarkt. Um 1500 erreichte dieses Geschäft einen vorläufigen Höhepunkt: Zu jener Zeit kostete ein Pfund Karpfen als Luxusspeise zeitweise ebenso viel wie sechs Pfund Schweinefleisch.

Nach Grunauers Empfehlung von 1733 sollte man Karpfen in Weinsud kochen, der reichlich Gewürznelken enthalten müsse. Der Soße fügte man Zitronenscheiben und Zucker hinzu. Als Delikatesse galt zu jener Zeit außerdem Karpfen in weißer Meerrettichsoße oder in einer Lebkuchenbrühe – letzteres findet man noch in modernen Rezeptbüchern.

Herbstliche und winterliche Fisch- und Gansessen wurden in etlichen fränkischen Gaststätten im 19. Jh. zu einer festen Einrichtung. Der halbe Karpfen mit Salat, ebenso wie die halbe Gans, kostete im Oktober 1912 im Städtischen Rathauskeller gerade mal 2,50 Mark.

Trotz der internationalen gastronomischen Vielfalt haben die Karpfen heute noch einen festen Platz in der Nürnberger Gastronomie – beschränkt eben auf die Monate, die den Buchstaben R enthalten. Heute wird der Fisch normalerweise gebacken oder „blau" auf den Speisekarten angeboten, also nicht abgeschuppt und in nur fast siedendem Salzwasser pochiert.

Spargel – das andere „weiße Gold"

Die Aufzählung fränkischer Spezialitäten auf den Speisekarten wäre unvollständig ohne den Spargel. Seit dem 17. Jh. spielt das Gemüse eine traditionelle Rolle dabei, den Frühling einzuleiten. Zur rechten Zeit ist er ein Standardangebot auf den Speisekarten der Gaststätten und bei privaten Essen.

Schon in der Antike schätzten Griechen und Römer das Gemüse – damals aber vor allem als Heilmittel. Der römische Rezeptautor Apicius beschrieb einen Spargelauflauf, mit viel Pfeffer gewürzt, als eine Delikatesse. Alternativ empfahl er das Gemüse mit Safran. Vermutlich waren es die Römer, die den Spargel erstmals nördlich der Alpen einführten. Nach ihrem Abzug wurde er dann eine Zeitlang vergessen und erst im 16. Jh. wieder angebaut.

Wann der Spargel zum ersten Mal auf Speisekarten von Wirtshäusern auftauchte, lässt sich nicht ergründen. Ein in Nürnberg erschienenes Rezeptbuch aus dem Jahr 1706 empfahl, Kalbfleisch und klein geschnittenen Spargel zusammen zu kochen und daraus eine Suppe zu servieren. Spargel- oder Spargelcremesuppe gibt es heute in vielen Varianten.

Ein saisonaler Hit: Der Spargel am Nürnberger Hauptmarkt hat seit dem 17. Jh. viele Fans.

Die Anbaugebiete in Deutschland entstanden später als die in Frankreich und England. Heute spricht man auch hierzulande vom „weißen Gold". Im Knoblauchsland zwischen Nürnberg, Fürth und Erlangen nimmt der Anteil des Spargels an der Bodennutzung seit den 1950er-Jahren tendenziell stetig zu.

Der 1702 in Nürnberg von Franz Philipp Florinus herausgegebene *Klug- und Rechtsverständige Haus-Vatter* (auch als *Oeconomus prudens et legalis* bekannt) in neun Bänden verglich den um Nürnberg angebauten Spargel mit dem von Genua. Sein „Wohlgeschmack" sei berühmt. Man esse ihn im April und Mai, „wann die Krebse und jungen Hüner" verspeist werden. Die Sprossen hätten verschiedene Heilwirkungen. Sie machten auf jeden Fall „Lust zum Essen".

Kampf den Sägespänen

Qualität als Vorteil für Händler und Verbraucher

„Im Jahre 1456 sind Hans Kölbele, Bürger und Krämer zu Nürnberg, und Lienhart Frey von Thalmessingen, der bei dem Kölbele zur Herberge gewesen, wegen Fälscherei des Safrans und anderer Gewürze, mitsamt ihrer gefälschten Ware, am Freitag nach Misericordias domini, lebendig verbrannt, und Elisabeth Pfragnerin, von Regensburg, die ihnen dazu geholfen, lebendig vergraben worden am Montag nach Bonifacii." So ist es in einer alten Chronik nachzulesen.

Standards beim Verbraucherschutz

Die Lebensmittelüberwachung ist heute ein wichtiger Teil der Gewerbeaufsicht. Nürnberg war auf diesem Gebiet ein Vorreiter. Die Qualitätskontrollen, die einst in der Reichsstadt eingeführt wurden, setzten weit über die eigenen Mauern hinaus Standards für den Verbraucherschutz und sicherten Wettbewerbsvorteile gegenüber der Konkurrenz. Das galt nicht nur für die bereits beschriebenen Fälle von Wein und Bier.

Die Bedeutung der Qualitätssicherung wurde schon in der Antike erkannt. Nach dem *Codex Hammurabi* der Sumerer wurden Ärzte, Baumeister und Schiffbauer für Pfusch hart bestraft. Eine Bierschenkin, die „den Wert an Bier geringer gemacht im Verhältnis zum Wert des Getreides" (als Zahlungsmittel), sollte ins Wasser geworfen – sprich: ertränkt – werden.

Qualitätskontrollen erfordern Spezialisten, die Verdorbenes oder Verfälschtes erkennen können. Wie speziell die Prüfungen bisweilen waren, zeigt das Beispiel der „langueyeurs" in Frankreich: So wurden Personen bezeichnet, die überprüften, dass die Zungen von Schweinen vor dem Schlachten keine Larven aufwiesen. Ein königlicher Erlass setzte sie 1350 ein. Dass Qualitätskontrollen durchaus ihre Berechtigung hatten, zeigt ein besonders abstoßendes Beispiel von Produktfälschung, das 1498 in den Gerichtsakten von Venedig festgehalten wurde: Händler verkauften damals Speiseöl, das zuvor als Badeöl für Kranke benutzt worden war.

Eine gute Voraussetzung für Qualitätskontrollen war in Nürnberg die bereits beschriebene Besonderheit unter den deutschen Städten, dass hier die Gewerbeaufsicht – als Folge des Handwerkeraufstandes von 1348/49 – nicht länger durch Zünfte erfolgte. Diese Zusammenschlüsse schützten vor allem die Interessen der Meister, aber nicht unbedingt auch die der Verbraucher und der städtischen Gemeinschaft.

Der ordnungspolitische Rahmen war in Nürnberg komplex: Da war auf der einen Seite der Burggraf als Vertreter kaiserlicher Macht, und auf der anderen Seite der Stadtrat. Dieser war in Nürnberg seit 1219 durch den von Kaiser Friedrich II. zugestandenen Status der Reichsfreiheit für alle inneren Angelegenheiten der Stadt verantwortlich. Wie erwähnt, lag die Überwachung der Handwerker in Nürnberg zunächst bei einem „Pfänder", ab 1490 in der Hand des Rugamtes. Letzteres war für die Einhaltung der Bestimmungen in den Handwerkerordnungen verantwortlich. Alles, was nach „zünftlerischen" Bestrebungen aussah, wurde von der Obrigkeit der Stadt – genau gesagt: von eben jenem Rugamt – verfolgt. Als erste „Rugsherren" wurden Jacob Groland und Gabriel Holzschuher bestellt. Treffen von Meistern wurden von dieser Behörde als unzulässige „Heimlichkeiten" verstanden und mit Geldstrafen oder sogar Gefängnis geahndet.

Safran-, Fisch- und Käseschauer

Nichts anderes als eine Qualitätskontrolle im Sinne des Verbraucherschutzes waren die Gewürzschauen. Die wichtigste von ihnen war die Safranschau. Dank dieser Einrichtung wurde Nürnberg nördlich der Alpen zum Hauptumschlagplatz für dieses Gewürz. Außer in Nürnberg gab es eine solche Prüfstelle nur noch in Basel. Dort bildete sich sogar eine eigene Zunft der Safranhändler.

Safran wurde nach alten Angaben dreimal so teuer wie Pfeffer gehandelt. Gewiefte Fälscher versuchten, mit ins Geschäft zu kommen. Manchmal versuchten solche Betrüger, die Menge mit Sägespänen oder mit Fasern von geräuchertem Rindfleisch zu strecken. Ein anderes Mal diente dazu einfach Sand. Nach Angaben in der Literatur soll sich sogar die Beimischung von Goldstaub für die Fälscher rentiert haben. Durch Begießen mit Öl oder die Beigabe von Fett konnte das Gewicht ebenfalls erhöht werden.

Die Safranschauer mussten nicht nur Fälschungen entlarven, sie mussten auch die Unterschiede der verschiedenen Sorten genau kennen und die Produkte dem jeweiligen Herkunftsgebiet zuordnen. Gefälschte Ware wurde von den vereidigten Safranschauern in Nürnberg verbrannt, die Fälscher landeten im Lochgefängnis. 1441 wurde am Schönen Brunnen ein 13 Pfund schwerer Sack eines Importeurs aus Ulm mit gefälschtem Safran öffentlich verbrannt. Auch 1448 wurden „etliche Säcke“ dem Feuer übergeben. Die Aufgabe führten Knechte des Scharfrichters aus. 1619 ist von „etlichen Zentnern“ gefälschter Gewürze die Rede, die auf der Fleischbrücke zu Asche wurden. Die Liste solcher Ereignisse zieht sich durch die Jahrhunderte hin. Den Fälschern drohte, selbst mit verbrannt zu werden. So widerfuhr es z. B. 1444 dem Nürnberger Bürger Jobst Findenkern.

Die Safranschau gab es nach den Urkunden spätestens seit 1357 in Nürnberg. 1443 kam eine Gewürznelkenschau hinzu, 1522 eine für Ingwer. 1656 nahm die Safranschau „ein Ende, und trat an deren Stelle die jetzige Gewürzschau“, heißt es in einer alten Chronik.

Das Vorbild machte Schule. Käseschauer begutachteten importierten Käse aus Holland und anderen Gebieten. Edamer und Limburger galten als die gesündesten Sorten. Aber auch Schweizer Käse und Parmesan wurden in den Buden der „Käser“ verkauft. Die Händler nannte man damals „Keßkriffel“. Seit 1603 bestand eine Käser-Ordnung mit Bestimmungen für dieses Handwerk. Andere Schauer waren für die Prüfung des Angebots an Fischen zuständig – wobei zwischen frischen und gesalzenen, importierten unterschieden wurde. Eine *Ordnung für Heringschauer* wurde am 18. August 1557 veröffentlicht.

Das sogenannte Schauamt garantierte die Qualität vieler Nahrungs- und Genussmittel. Diese Prüfung war gegenüber den Kunden der Nürnberger Kaufleute im Stadtgebiet ebenso wie auf den Zielmärkten eine gute Empfehlung. Die Einrichtung begründete zweifelsohne ein Wettbewerbsvorteil der Nürnberger „Pfeffersäcke".

Brotsorten ohne Ende

Auch das tägliche Brot für die Nürnberger Bevölkerung war Gegenstand scharfer Qualitätskontrollen. Während die vornehmen – sprich: reichen – Herren nach den ausgefeilten Rezepten schlemmten, war Brot die Alltagsspeise für das einfache Volk. Mancher Tagelöhner konnte sich pro Tag nicht mehr als vielleicht eine sogenannte Eierbrezel leisten – dabei rühmt das *Küch- und Keller-Dictionarium* von 1716 die „vielerley Sorten", die von den Bäckern in Nürnberg angeboten wurden. Insgesamt sind 24 verschiedene Sorten aufgeführt.

In den Urkunden taucht ein seit 1332 bestehendes „Brothaus der Bürger" auf, in dem der Verkauf stattfand. Ein vereidigter Brotschauer übte seit 1356 sein Amt aus. 1363 gingen insgesamt bereits 68 Bäcker (auch als „Pecken" bezeichnet) in der Stadt ihrem Gewerbe nach. 1704 ergab die Zählung 94 Meister dieses Gewerbes.

Der Rat setzte „Meister über das Brot" ein – auch „Beckenherren" genannt. Die Kontrolleure achteten darauf, dass die Brote die vorgeschriebene Größe hatten. Zu kleines Brot wurde zerschnitten, und ein Bäcker, der in einer Woche zweimal zu kleine Brote buk, wurde für einen ganzen Monat vom Verkauf ausgeschlossen. An Sonn- und Feiertagen war der Verkauf von Backwaren vor dem Ende der Predigt in den Kirchen verboten. Die Vorschriften galten im Umkreis von zwei Meilen um die Stadt.

1574 wurde eine öffentliche Brotwaage aufgehängt, „um den Becken das Brod nachzuwägen". Aus dem Jahre 1615 wird über eine

Razzia berichtet, bei der zwei städtische Pfänder mit acht Polizeidienern alle Bäckereien in der Stadt aufsuchten und „verdächtige" Brote mitnahmen. Mehr als 50 Laibe wurden beanstandet, und die betroffenen Bäcker mussten etliche hundert Gulden Strafe zahlen.

Im 16. Jh. wurde es auch Bäckern von außerhalb – nach den Quellen speziell Bäckern aus Lauf an der Pegnitz – erlaubt, an bestimmten Werktagen ihre Ware in Nürnberg anzubieten. Das führte bald zu Konflikten. Als Ende des 17. Jhs. auch noch „die Gostenhofer und Wöhrder Bäckermeister den Nürnbergern große Konkurrenz" machten, drängten die Nürnberger beim Stadtrat wieder auf ein Verbot der Broteinfuhr.

Der Stadtrat stellte die Versorgung der Bürger mit Brot durch die Bäcker sicher. Das dafür benötigte Getreide durfte am Kornmarkt, am Heumarkt (heute der Theresienplatz), auf dem Milchmarkt (heute der obere Teil des Albrecht-Dürer-Platzes) sowie am Lorenzer Platz verkauft werden. Der Handel mit dem Rohstoff begann eine Stunde vor Tagesanbruch. Im Dienste der Stadt standen zehn „Getreidemesser" – sechs im Sebalder und vier im Lorenzer Stadtteil.

Zeitweise bereiteten zwölf der Mühlen in und um Nürnberg aus dem Getreide das Mehl für die Backstuben. Natürlich waren auch die Müller genauen Vorschriften unterworfen. Spezielle Mehlschauer kontrollierten das Endprodukt. Die Brote der Bäcker wurden am Ende hinsichtlich ihrer Güte, Größe, Form und ihres Gewichts untersucht. Die Inspektion geschah bisweilen zu nächtlicher Stunde und ohne vorherige Anmeldung.

Fleischhacker unter sich

Streng waren die Kontrollen beim Fleisch, wie eine Fleischbeschau-Ordnung von 1540 zeigt. Unterschieden wurde damals zwischen Rindermetzgern und Schweinemetzgern. Sie lebten in der Fleischhackerstraße (heute: Pfannenschmiedsgasse). Eine Aufstellung im Jahr 1363 ergab bereits insgesamt 71 Fleischer, in der zweiten Hälfte des 15. Jhs. wurden 90 bis 100 Betriebe gezählt. Das Gewerbe war an „Fleischbänken" konzentriert, die täglich von „Meistern über das

Straßennamen zur Erinnerung: Zwischen den Fleischbänken waren die Metzger am Werk.

Fleisch" inspiziert wurden. Dabei war keine Verarbeitungsart von Fleisch ausgenommen – ob roh oder zu Würsten verarbeitet. Zu besten Zeiten lief das Geschäft über mehr als 70 Fleischbänke.

1572 wurde erstmals eine „Freibank" erwähnt. Sie konnte von auswärtigen Metzgern und Viehtreibern genutzt werden. 1610 wurden hier 3118 Ochsen und Kühe geschlachtet, 1615 fast 10.000 Stück Vieh. Die Aufsicht über alle „Bänke" hatten auch in diesem Fall die Vertreter des Rugsamt und die dort angestellten „Pfänder". Der Platz einer jeden Verkaufsstelle wurde jährlich neu verlost, damit jeder Metzger an den Vorteil eines guten Standortes kommen konnte. So konnte sich niemand über einen Wettbewerbsnachteil beschweren.

Die Inspektoren überprüften unter anderem, dass die Wurstmasse nicht zu viel Wasser enthielt. Auch durften Rinder im Alter unter drei Jahren grundsätzlich nicht geschlachtet werden, und frisches Fleisch sollte nicht länger als zwei Tage feilgeboten werden.

Weil sich „die hiesigen Ochsenhändler mehrmals beschwert" hatten, dass ihre Zertifikate an fremden Orten nicht „für genügsam und glaubwürdig" gehalten wurden, erließ die Stadt am 6. Juli 1597 eine neue Ochsenmarktordnung. Einen Höhepunkt erreichten die Schlachtungen 1616/17: Mehr als 18.500 Tiere fielen in jener Saison den Schlachtmessern zum Opfer.

Der Stadtrat regelte auch die Verkaufspreise. Ein Beispiel liefern die entsprechenden Verordnungen der Jahre 1606 und 1607: Ein Pfund Rindfleisch von guten ungarischen, polnischen oder sonst gemästeten Ochsen sollte 16 Pfennige kosten. Ein Pfund gutes Kalbfleisch war 12 Pfennige wert. Der gleiche Betrag galt für gutes Schweinefleisch. Für ein Pfund Speck wurden 24 Pfennige angesetzt. Die „gemeine Bratwurst" sollte für drei, die „gepfefferte" für vier Pfennige angeboten werden.

Die Schweinehaltung war in mittelalterlichen Städten mit ihrem Gewirr von Gassen ein allgemeines Problem. Müller und Bäcker konnten sich in Nürnberg und in anderen Städten durch den Unterhalt solcher Tiere selber mit Fleisch und Speck versorgen. Unverkaufte Reste ihrer Produkte dienten zum Mästen. Speziell zugelassene Schweinestecher schlachteten die Tiere für einen festgelegten Lohn. Zwar wurden die Schweine in Ställen gehalten, sie streunten aber auf den Gassen umher und wurden zur Tränke an die Pegnitz getrieben. Der Schweinemist lag überall auf den Straßen. Dagegen musste die Obrigkeit irgendwann einschreiten – denn die Schweine konnten auch hohen Gästen zwischen die Füße laufen. Doch erst 1475 wurde in Nürnberg ein Verbot freilaufender Schweine erlassen. Die Ställe sollten künftig nicht mehr zu nahe an den Straßen liegen, „in denen die Leute wandeln und zu handeln pflegen, weil der große Gestank unerträglich sei". Bäcker und Müller durften nun nicht mehr als jeweils zehn Schweine innerhalb der Stadt halten. Bis zu weitere 20 Tiere konnten sie in Ställen außerhalb der Stadtmauern unterbringen. Der Mist landete nun in der Pegnitz. 1552 wurden die Schweineställe noch „etwas weiter von der Stadt hinausgerückt", ist in alten Chroniken zu lesen.

Am 12. März 1586 erließ der Rat der Stadt eine „Schweinestecherordnung". Die Meister ihres Fachs sahen sich in Konkurrenz mit „Schweinefängern", und noch mehr mit den Metzgern. Von den Wirtshausbetreibern waren Garköche begehrt, die das Meisterrecht im Schweinestecherhandwerk besaßen und in der Garküche die

Tiere „stechen“ durften. Trotz der Regeln wird in den alten Dokumenten öfters von „Unordnung“ auf dem Viehmarkt berichtet.

Vorsorge für schlechte Zeiten

Die Vorratspolitik war für den Rat der Stadt ein besonderes Anliegen. Für schlechte Erntezeiten legte der Stadtrat Getreide in eigenen Kornspeichern auf Lager. Die Einrichtung war die Antwort auf widrige Wetterverhältnisse, die zu Missernten geführt hatten. Über Hungerjahre berichten alte Dokumenten schon aus dem 12. Jh.: Zu Pfingsten 1163 verursachte ein Hagelwetter großen Schaden, der heiße Sommer 1175 ließ fast alle Felder verdorren. So spielte das Klima zu allen Zeiten eine große Rolle.

Das erste Kornhaus wurde schließlich 1340 erbaut, ein weiteres im Jahr 1400. Das größte war die sogenannte Kaiserstallung auf dem Gelände der Burg. Stadtrechnungen wiesen im Jahr 1437 Getreideaufkäufe des Stadtrates bis aus Österreich aus. 1517 berichtete der Sekretär des italienischen Kardinals Luigi d'Aragona von seiner Reise von 18 Magazinen in Nürnberg, die für Notfälle mit Nahrungsmitteln wie Hafer und Roggen gefüllt seien.

Seit 1406 existierte in der Reichsstadt ein Salzhaus. Der Rohstoff wurde in 1,5 Zentner-Scheiben vorzugsweise aus dem Salzkammergut bezogen. Salz war ein wertvolles Gut, es ermöglichte, Lebensmittel haltbar und beim Kochen schmackhafter zu machen. Quacksalber setzten auf heilende Effekte von Salzwasser. Ein Dokument aus dem Jahr 1622 gibt als festen Preis für eine Scheibe Salz in Nürnberg fünf Gulden an. Damit ließen sich gute Geschäfte machen, doch immer wieder sahen Salzhändler einen Grund, über unlauteren Wettbewerb zu klagen. Eine Verordnung des Nürnberger Stadtrats aus dem Jahr 1785 äußerte Missfallen am „unerlaubten Schleichhandel“ mit Salz und drohte den Übeltätern nicht nur die Konfiszierung der Ware, sondern auch eine Geldbuße von 25 Gulden an.

Des Weiteren gab es eine Lagerhaltung der Stadt für Schmalz. Es taucht als Zutat in vielen Rezepten auf. Eine Chronik besagt: „Weil 1523 das Schmalz etwas wohlfeil gewesen, hat der Rat 300 Zentner zu 3 fl. (= Gulden) und 3 ¼ fl. zu gemeiner Stadt Vorrat lassen einkaufen, und befohlen, solches in Fässern aufzubewahren, und nach 3 bis 4 Jahren wieder frisches an dessen Stelle zu schaffen."

Im 16. Jh. gaben Jahre besonders hoher Teuerung immer wieder Anlass für behördliche Interventionen. Das Jahr 1573 war ein solches. Chronisten berichten: Es war ein „so nasser und ungeschlachter Sommer, daß kaum dergleichen in Historien zu finden. Man vermeinte nicht, daß die liebe Sonne mehr scheinen würde." So war die Ernte mager, die Teuerung nahm rasant zu. Der Rat der Stadt verbot den Bäckern daraufhin, kleine Fladen und Eierbrezeln oder dergleichen zu backen. Die Letzteren galten zu jener Zeit als Luxusprodukte.

Städtisch regulierter Verbraucherschutz

Der Nürnberger Stadtrat verhinderte bei vielen Waren einen unkontrollierten Wettbewerb auf Kosten der Bürger. 1509 wird von der Einrichtung einer Mehlwaage durch den Rat der Stadt berichtet. Beanstandungen gab es immer wieder: 1611 beklagten sich die Nürnberger Bäcker bitterlich darüber, dass einige Müller und Aufseher „tief in die Säcke" gegriffen hätten. Auf die Liste ausgestorbener Berufe gehören neben dem „Mehlwäger" auch der „Nussmesser" und der „Hühnerträger". Bilder zeigen einen solchen mit einem Korbgeflecht zum Transport der Tiere auf dem Rücken.

Preisregulierungen gab es auch für das Gemüse, das Bauern und Bäuerinnen aus dem Umland auf dem städtischen Markt feilboten. Die Vorschriften betrafen allerdings mehr die Mengen, die miteinander in Konkurrenz standen. Zwiebel- und Salatweiber, wie man sie nannte, durften jeweils nur das eine oder das andere von beiden verkaufen. Für die Säcke und Körbe, die sie zum Markt brachten, um dort ihre Waren an ihre Kunden wie z. B. Gastwirte zu verkaufen, hatten die Bauern und Bäuerinnen Gebühren zu entrichten.

„Wegen der Betrügereien mit dem Tabak" wurde 1659 vom Stadtrat eine Tabakschau angeordnet. Dies war notwendig, denn der Stoff ließ sich leicht strecken. Tabakanbau gab es in der Region

Von Mehlsiebern und Hühnerträgern

Viele der Berufe, die mit dem Essen und Trinken zu tun haben, sind heute ausgestorben, doch in den *Hausbüchern* der *Nürnberger Zwölfbrüder-Stiftungen* sind sie abgebildet und sind ihre Tätigkeiten dokumentiert. Auf der Liste stehen der Mehlsieber und der Mehlwäger ebenso wie der Nussmesser. Den Transport von Federvieh besorgten Hühnerträger – die zugehörige Abbildung zeigt einen Mann mit einem Korbgeflecht samt Tieren auf dem Rücken. Ebenfalls ausgedient hat der Vogelfänger. Aber was tat der Weinschröter? Er ließ mit Hilfe eines Seils, das um einen speziellen Balken, genannt Schrotbaum, gelegt war, die schweren Weinfässer in den Keller gleiten. Zudem sorgten Handwerker für Werkzeuge – so die Messerer für die Schlachtmesser der Metzger, und die Bierbrauer brauchten sauberes Wasser – dazu traten Brunnenfeger an.

Bei den *Hausbüchern* handelt es sich um Totenbücher der Sozialstiftungen der Familien Mendel und Landauer. Sie wurden bis zum Anschluss Nürnbergs an Bayern im Jahr 1806 geführt.

wohl seit den 1630er-Jahren – vor allem in den Vorstädten Wöhrd und Gostenhof, aber auch in Gärten von Erlenstegen, Mögeldorf, Almoshof, Kraftshof, Buch und Gründlach, wie aus dem Text einer Tabakordnung von 1722 zu schließen ist. Erst einige Zeit später wurde das Schwabacher Land zum Zentrum des fränkischen Tabakanbaus.

Die Tabakordnung von 1722 sah zwei „Tabak-Schauer“ vor. Die Blätter durften nicht mit „unzulässigen Sachen“ verfälscht werden. Sie wurden säckeweise entweder lose oder von Tabakrollern verarbeitet geliefert und in den Wirtshäusern verkauft. Die Ware wurde außerdem bis nach Tirol, in die Schweiz und nach Sachsen exportiert. Bemerkenswert ist, dass die Ordnung von 1722 bereits rudimentäre Bestimmungen zum Arbeitsschutz enthielt. Minderjähriges „Gesind“ wie Tabakspinner und Tabakroller, die die Tabakbauern zur Weiterverarbeitung anheuerten, durften nur mit Einwilligung der Eltern arbeiten. Der Lohn war vorab festzulegen, die Arbeitszeit war auf täglich zwölf Stunden beschränkt.

Auf der Liste ausgestorbener Berufe: Hühnerträger brachten Nachschub in die Stadt.

Bloß nicht hetzen

Nürnberg war der Druckort eines *Handbuchs zur Selbstprüfung unserer Speisen und Getränke nach ihrer Güte und* Ächtheit. 1810 erschienen, machte es zu Beispiel darauf aufmerksam, dass Fleisch von abgehetztem Vieh weniger lang haltbar sei. Das Buch gab Anleitungen zu den besten Methoden der Schweinemast und warnte vor absichtlich oder zufällig durch Sand verfälschtem Getreide.

Wildern und Jagen

Natürlich erfolgte ein Teil der Versorgung mit Nahrungsmitteln abseits des regulären Marktgeschehens. In älteren Geschichtsdarstellungen wird beispielsweise das Auflauern auf Hasen außerhalb der Stadt und das Fischen von Krebsen aus den Bächen als ein beliebtes bürgerliches Vergnügen beschrieben – obwohl nur den Förstern die Jagd im Reichswald erlaubt war. Eine Verordnung von 1646 und noch einmal aus dem Jahr 1704 wies auf das Verbot „unbefugten Pirschens und Schießens mit der Püchsen auf den beyden Nürnberger Reichswäldern“ hin – unter anderem deswegen, weil durch glühende Lunten und Pulver bereits „schädliche Feuersbrunsten“ entstanden waren.

Die Jagd war dennoch weiter eine der „vornehmsten Belustigungen großer Herren“, heißt es in einem Buch zur Jagdlust, das 1783 in Nürnberg erschien. Je nach der Art des Beutetieres sprach man von der niederen oder hohen Jagd. Sicherlich waren auch Falkner mit ihren Tieren zu Diensten.

Wie man die erlegten Tiere zu schmackhaften Speisen verarbeiten konnte, dafür gaben die Rezeptbücher hinreichend Tipps. Bis zu drei Wochen könne man übrigens gefangene Krebse frisch halten, wenn man sie im Keller in einem Zuber halte und regelmäßig mit Bier besprenge, war in einem Ratgeber zu lesen, der 1730 in Nürnberg gedruckt wurde. Man könne die Tiere zudem mästen, indem man wiederholt Milchrahm über sie gieße, hieß es.

Ein Blick in die Gegenwart – Zwischen Biofach und Bauernhöfen

Dieser kleine kulturgeschichtliche Streifzug durch Nürnbergs kulinarische Vergangenheit zeigt, wie einst nachhaltige Veränderungen der Ess- und Trinkgewohnheiten in Gang gesetzt wurden. Ein Erbe ist die Verbreitung der Gewürze, mit denen die Nürnberger „Pfeffersäcke" im Mittelalter Deutschland versorgten. Die Bedeutung als Indikator von Wohlstand haben die Gewürze inzwischen verloren, ihr Einfluss auf die Gesundheit wird hingegen mehr und mehr thematisiert.

Zugleich zeigt dieser Streifzug, wie sich vieles immer wieder und stetig wandelt: Wissen und Innovationen halten die Ess- und Trinkkultur sowie die Nachschubwege ständig in Bewegung und beeinflussen die Wirtschafts- wie die Sozialgeschichte. Tiefkühlkost, Pizza, Döner-Teller und Coffee to go kamen in Mode, GPS-Systeme haben die Meilenscheiben ersetzt, an denen sich der Transport im Mittelalter orientierte.

Ganz anderer Art sind heute die „Spektakel", die Massen von Besuchern anziehen. So lockt Nürnberg im Musikbereich mit dem Klassik Open Air, mit Rock im Park, dem Bardentreffen und einigem mehr. Eine vielfältige Museumslandschaft einschließlich des Dokumentationszentrums ist ebenso wie der traditionelle Christkindlesmarkt ein beliebtes Motiv und ein Anziehungspunkt für Touristen. Die Bestellungen von Honigwein beim Burggrabenfest kommen von manch' mittelalterlich kostümiertem Gast in einem abwechslungsreichen Sprachgemisch daher. Unter dem Strich waren 2019 – vor Coronazeiten – knapp zwei Millionen Ankünfte von Gästen mit rund 3,5 Millionen Übernachtungen zu verzeichnen, von denen die Nürnberger Beherbergungs- und Wirtshausbetriebe profitieren konnten. Nürnberg war, ist und bleibt ein beliebtes Ziel!

Heute noch verbinden sich Impulse für Ess- und Trinkgewohnheiten mit Städtenamen. Dies rührt nicht zuletzt von Messeveranstaltungen her: Die „BIOFACH", seit 2001 in Nürnberg angesiedelt, gehört ebenso wie die „Allgemeine Nahrungs- und Genussmittel-Ausstellung" (Anuga, Köln) in Deutschland zu den international beachteten und besuchten Trendsettern. So mischt Nürnberg im Konzert der Messestädte auch heute noch bei Ernährungsfragen mit. Neu auf der Liste sind die „Veggienale & FairGoods Messen" – unter anderem in Nürnberg. Die Veranstaltung versteht sich als „Messe für pflanzlichen Lebensstil und ökologische Nachhaltigkeit". Die Publikumsmesse „Consumenta" stellt hingegen eine regionale Zielgruppe in den Mittelpunkt.

Vegan, vegetarisch, eher fleischlos ernähren sich heute viele Menschen, und die Gastronomie zieht mit. So ist die Gastroszene ständig in Bewegung und bietet mehr Vielfalt als je zuvor. Heute hat man auch in Nürnberg nicht mehr nur die Wahl zwischen dem *Wilden Mann* oder dem *Goldenen Zirkel*, sondern unter vielen anderen auch zwischen „dem Griechen", „dem Italiener" oder „dem Vietnamesen". Auch Betriebskantinen wurden zu einer konkurrierenden Verpflegungsform, Kaffeehäuser florieren – unter den Adressen findet man dabei alteingesessene Namen genauso wie internationale Konzerne. Die Zahl von kleinen Röstereien, die ihre Bohnen über längere Zeit auf niedrigerer Temperatur rösten, als es beim Industrie-Kaffee der Fall ist – so ist das Getränk bekömmlicher –, nimmt tendenziell zu.

Für den Informationsaustausch haben Wirtshäuser und Biergärten – natürlich mit online abrufbarer Speisekarte – trotz Internet nicht völlig an Bedeutung verloren, auch wenn längst keine Kutschen mehr vor ihren Türen abfahren. Traditionsbehaftet und auch heute noch ein Ort der Kommunikation ist zudem das Marktgeschehen auf dem Nürnberger Hauptmarkt. An den Ständen liegt Knoblauch neben Chicorée, Tomaten und Gurken. Je nach Saison locken Erdbeeren, Kirschen, Zwetschgen und Pfifferlinge. Radieschen hier und Preiselbeeren dort. Oder sollen's Trüffel sein? Ware vom Spargel- und Beerenhof liegt in Sichtweite von Ständen mit mediterranen Spezialitäten oder Käse. Zur Weihnachtszeit werden

400 Jahre später: Mehr oder weniger dient der Hauptmarkt noch immer dem Handel – und zwischendurch als Schauplatz diverser „Events".

auf dem „Markt der Partnerstädte" in der Nähe des Christkindlesmarkts diverse kulinarische Produkte aus befreundeten Städten angeboten.

Besonders intensiv ist der Trubel auf dem Großmarkt, der um fünf Uhr früh seine Pforten öffnet: Rund 150 Firmen bieten auf etwa 50.000 qm Fläche der Gastronomie und dem Einzelhandel Obst, Gemüse, Fleisch, Fisch und Blumen an. Hier werden nach eigenen Angaben Jahr für Jahr Waren mit einem Gewicht von 200.000 Tonnen umgeschlagen. Die Tätigkeiten haben sich freilich mittlerweile gewandelt – zugange sind nicht mehr Ablader, sondern Gabelstaplerfahrer.

Jüngst sind unter anderem auch Insekten als proteinreiches Lebensmittel in die Diskussion geraten. Doch werden es geröstete Ameisen, die mit ihrem salzigen Geschmack in Brasilien und Kolumbien als Feinkost gelten, oder andernorts beliebte Gerichte wie Entenfüße, die in China als Spezialität gehandelt werden, es in Zukunft auf viele europäische Teller schaffen? Essgewohnheiten ändern sich – ebenso wie Transportwege: Wo kommt was her? Rinder werden heute nicht mehr aus Ungarn herangetrieben, sondern ihr Fleisch wird per Flugzeug aus Argentinien importiert. Wein im Angebot stammt nicht mehr nur von Winzern am Rhein, sondern oft von deren Kollegen in Australien und Südafrika. Gleichzeitig setzen etliche Verbraucher bei der Versorgung mit Lebensmitteln auf den Trend, selbst Obst und Gemüse von einem der Bauernhöfe im städtischen Umland zu holen. Dem stehen organisierte Lieferantenketten entgegen – manche schafften es sogar an die Börse. Überhaupt greifen bei der Preisgestaltung heute Spekulanten an den Warenterminbörsen zwischen London und Chicago in das Geschehen ein.

Vieles, doch nicht alles regelt sich selbst: Die Obrigkeit traf oft kluge Entscheidungen – so spiegelten Reglementierungen des Stadtrats und des Nürnberger Rugsamts, z. B. Systeme zur Bevorratung von Getreide, Salz und Unschlitt, eine vorausschauende Politik wider. Schließlich waren die Menschen bereits im 12. Jahrhundert mit widrigen Wetterverhältnissen und schlechten Erntezeiten konfrontiert – und der Klimawandel wird künftig noch zur größeren Herausforderung. In jüngerer Vergangenheit gaben und geben Richtlinien der EU die Rahmenbedingungen für Agrarpolitik vor, die selbst im Knoblauchsland vor Nürnberg Konsequenzen haben.

Die Kundschaft ist heute in der Frage der Inhaltsstoffe zur Konservierung und zu Aspekten der Tierhaltung sensibel geworden. Themen wie Vitamine, Diät, Diabetes oder Unverträglichkeiten treiben die Bürger noch nicht allzu lange um. Doch auf die Beschaffenheit der Nahrungsmittel legte man schon früh einen großen Wert: Produktschauen wie von Safran und Käse begründeten Qualitätskontrollen und Verbraucherschutz. Nicht umsonst also wurden von Nürnberg aus viele Weichen für die Entwicklung der europäischen Ess- und Trinkkultur gestellt.

Anhang

Literatur

Bürgin, Eugen C., Kaffee, Künzelsau / Thalwil / Salzburg 1978

Diefenbacher, Michael / Beyerstedt, Horst-Dieter / Bauernfeind, Martina, Nürnberg – Kleine Stadtgeschichte, Regensburg ^{2}2017

Diefenbacher, Michael / Endres, Rudolf, Stadtlexikon Nürnberg, Nürnberg 2010

Durrer, Urs / Durrer, Sandra, Safran – Das rote Gold, Aarau 2020

Endter, Georg, New künstlich Kochbuch, Nürnberg 1630

Fleckenstein, Josef (Hrsg.), Das mittelalterliche Turnier, Göttingen 1986

Grunauer, Johann Albrecht, Das vollständige und vermehrte, auf die neueste Art eingerichtete Kochbuch, Nürnberg 1733

Gürtler, Franziska, 50 Historische Wirtshäuser in Mittelfranken, Regensburg 2016

Höhn, Alfred, Die Straßen des Nürnberger Handels, Nürnberg 1985

Israel, Uwe, Fondaco dei Tedeschi, in: Historisches Lexikon Bayerns 2015

Koch, Tenkred, Geschichte der Henker, Heidelberg 1988

Leuchs, Johann Carl, Vollständige Anleitung zur Mästung der Thiere, Nürnberg 1817

Marperger, Paul Jacob, Vollständiges Küch- und Keller-Dictionarium, Hamburg 1716, Faksimile München 1978

Mayer, Anja-Nadine / Mayer, Wolfgang, Dem Geld auf der Spur, Hersbruck 2013

Mayer, Wolfgang / Thyroff, Frank, Zwischen Pfeffer und Hightech – Ein Streifzug durch die Nürnberger Wirtschaftsgeschichte, Lauf 2014

Metzger, Franz, Kleine Geschichte Mittelfrankens, Regensburg 2020

Mintz, Sidney W., Die süße Macht – Kulturgeschichte des Zuckers, Frankfurt 2007

Müllner, Johannes, Die Annalen der Reichsstadt Nürnberg von 1623, Reprint 1984
Reicke, Emil, Geschichte der Reichsstadt Nürnberg, Nürnberg 1896, Reprint Neustadt an der Aisch 1983
Schieber, Martin / Windsheimer, Bernd, Rotes Bier und blaue Zipfel – Zur Geschichte der Ernährung in Nürnberg, Nürnberg 2004
Schiener, Anna, Kleine Geschichte Frankens, Regensburg [7]2022
Stiegler, Thomas, Kulturgeschichten des Kaffees, Grieskirchen 2019
Tannahill, Reay, Food in History, London 1988
Tucher, Hans, Reise in das gelobte Land, Augsburg 1482
Wagner, Max, Das Zeidelwesen und seine Ordnung im Mittelalter und in der neueren Zeit, Reprint Dresden 2016
Wagner, Peter, Küchenmeisterey, Reprint Bremen 2011
Weckerin, Anna, Ein köstlich new Kochbuch von allerhand Speisen, an Gemüsen, Obs, Fleisch, Wildpret, Fischen und Gebachens, Reprint München 1977
Wurffbain, Johann Sigmund, Reise nach den Molukken und Vorder-Indien 1632-1646, Reprint Nürnberg 1931

Bildnachweis

Archiv des Autors: 39, 76, 91, 111, 125, 128, 130

Bayerische Staatsbibliothek: 15 (Inc.c.a. 464 m, fol. C iii recto), 19 (4 Oecon. 164, Tbl.)

Erwin Schwaiger: 84, 88, 141, 172, 178

Germanisches Nationalmuseum: 35, 41, 168

https://commons.wikimedia.org: 21 (Peter1936F, CC-BY-SA-3.0), 23 (public domain), 25 (Archaeodontosaurus, CC BY-SA 4.0), 30 (public domain), 32 (public domain), 48 (public domain), 54 (public domain), 62 (public domain), 69 (public domain), 70 (public domain), 101 (Antonín Ryska, CC BY-SA 4.0), 117 (Martina Nolte, CC-BY-SA-3.0-DE), 133 (Janericloebe, CC-BY-SA-3.0-DE), 145 (public domain), 151 (public domain), 155 (public domain), 159 (public domain)

https://www.flickr.com: 136 (janwillemsen, CC BY-NC-SA 2.0, Holzstich nach einer Originalskizze von F. Drescher, 1889)
Kunstsammlungen der Stadt Nürnberg: 57
Nach Emil Reicke, Geschichte der Reichsstadt Nürnberg, Nürnberg 1896 (Reprint Neustadt a. d. Aisch 1983): 11, 105, 106, 138, 147
Privatarchiv Max Direktor: 79
Staatsbibliothek Bamberg: 38 (HV.Msc.302)
Stadtarchiv Nürnberg, E 29/III Nr. 258, fol. 74r: 45
Stadtbibliothek im Bildungscampus Nürnberg: 16 (Amb. 317b.2°, f. 40r), 93 (88v), 97 (148r), 165 (Amb. 279.2°, f. 11v), 183 (Amb. 317.2°, f. 20r)
Stock.Adobe.com: 9 (saiko3p), 112 (fotografci), 187 (Johanna Mühlbauer)
Verlagsarchiv: 50/51

Vignetten für Info-Kästen: Kap. 1: https://commons.wikimedia.org (public Domain); Kap. 2: Germanisches Nationalmuseum; Kap. 3: Nach Emil Reicke, Geschichte der Reichsstadt Nürnberg, Nürnberg 1896 (Reprint Neustadt a. d. Aisch 1983); Kap. 4: Erwin Schwaiger; Kap. 5: Stock.Adobe.com (Fotolyse); Kap. 6: Stadtbibliothek im Bildungscampus Nürnberg (88v); Kap. 7: https://commons.wikimedia.org (public domain); Kap. 8: Stadtbibliothek im Bildungscampus Nürnberg (Amb. 279.2°, f. 11v); Kap. 9: Stadtbibliothek im Bildungscampus Nürnberg (Amb. 317.2°, f. 20r)

Covermotiv: Der Markt zu Nürnberg.– Öl auf Leinwand, Gemälde von Lorenz Strauch (1554–1630), 1594 (Museen der Stadt Nürnberg, Kunstsammlungen, Foto: Erich Malter, Erlangen)